スコットランドの潮風

ジェイムズ 治美
Harumi James

海鳥社

はじめに

私たちは見知らぬ風景や人や習慣に出会うと、心がとっさに刺激され、集中力を高め、それらをいつもより念入りに見、想像の翼を拡げる気がする。

私もスコットランドとイングランドに暮らす中で、なんでもない日常、例えば空や空気や雲の移ろいが刺激になって、自分の心の奥深いところに様々な作家や画家が現れては、ものの見方や考え方、珍しい色や形を示してくれているのに気づいた。すると私の見方、考え方、感じ方が新しい形になっていたり、膨らんでずっと豊かになったりしているのであった。

スコットランドの潮風に包まれた時の感覚や、ヘブリディーズの海から立ち昇る銀色や薄桃色や水色に染まった蒸気に、頭から足まですっぽり包まれた時の感触を、楽しんだりもした。そのようなことを通して、私の心の中に物語が出来上がっていくのに気がついたりした。そのようなことを書き留めたものが、この本である。

「時」が過ぎていくという痛みと悲しさの感覚は前からずっと長い間持っていた気がするが、イギリスの風土や絵画や文学に接することによってさらに濃くなっていったように思う。この

「時」が過ぎ去っていくことへの悲しさと、それが逆に生み出してくれる「美」の誕生への歓喜という相矛盾する二つのものを、心の底に常に抱えて、英国を見てきた気がする。

　異国の風にまとわれ、風を感じ、移ろう「時」だけが与えることができる「美」や喜びを、ご一緒に味わって満たされた気分になってくだされば嬉しい。

スコットランドの潮風◉目次

第二章　マンチェスターでの暮らし

第一章

スコットランドの田舎暮らし

オークニー諸島
アウター・ヘブリディーズ
スカイ島
インナー・ヘブリディーズ
スコットランド
アバディーン
トバモーリ
マル島
オーバン
ダンディー
スタファ島
アイオナ島
アーガイル州
ジュラ島
アイラ島
グラスゴー
エディンバラ
キンタイア半島
ニューカッスル・アポン・タイン
サンダーランド
北アイルランド
ベルファスト
ミドルズブラ

スコットランド略地図

家探し

開いた玄関の真ん中に、一メートル八〇センチは十分にある、堂々として、まさに「トール、ダーク、ハンサム」（背が高くて、肌が浅黒くて、男前という英国女性の憧れの男性像）を絵に描いたエメレス・エヴァンズ教授が両手をいっぱいに広げて立っていた。五四〇キロの距離を駆けてマンチェスターからはるばるスコットランドのアーガイル州にある小さな村、バルクラガンに二〇〇〇年八月にやっと完成した我が家を訪ねてくれたのだ。

私は黒鷲に抱かれた鳩のように一瞬エメレスの胸に納まり、すぐさましっかりと目を見つめて、「ようこそいらしてくださいました。さあどうぞ、どうぞお入りください」と迎えた。

まっさらの烏の濡れ羽色の「ジープ」が庭に止められているのを見て、私が「素敵な車ですね」と言うと、「ああ、僕の『ブラック・ビューティ』（黒人の美女）、とても気に入っているよ」と自慢げに言った。夫は「『ブラック・ビューティ』は面白みに欠ける名前だね、そうそう『クィーン・オブ・シバ』の方がもっと想像力を掻き立ててくれない」などとおしゃべりしながら荷物を降ろした。

家をざっとひととおり見て回って、「寝室から海が見えるのはいいね。バス・ルームの天井から陽がさんさんと入ってくるのもいいね。居間にコンサーヴァトリィ（ガラス張りのサン・ルーム）が付いているのもいいね。良い場所が見つかって本当に良かったね」と自分のことのように喜んでくれた。

私たちは家を建てるに際してそれほどうるさい注文はほとんどせず、建築士に任せきりだったが、一つだけしっかりと注文したことがあった。それは、「お風呂に浸かりながら星が見えるようにして欲しい」という注文であった（結果は、天井に小さな明かり取りの窓が付いただけだったのであるが）。それからというもの、建築士が村人に面白い夫婦、一人はスター・ゲイザー（天文学者などと言わずに、星を見つめる人と呼んだ）で、その妻は日本人で、英文学に熱中しているという組み合わせのお二人さんが、ここの住人になると触れ込んでいたらしい。

一息ついてから、乾いた喉を潤しに海の方へ歩いて、バルクラガン・ホテルのバーでエメレスはシングル・モルト・ウィスキィを、夫のジョンはビター、私はラーガを飲みながら話が弾んだ。

「食事の前にウィスキィは強過ぎるのではありませんか」と私が聞くと、エメレスは「僕は強いものが、胃を蹴ってくれるのが好きでね」と笑った。

エメレスの性格が少しずつ形を現し始めた。夫とは三十年来の付き合いではあるが、私にしてみれば十数年、マンチェスター大学のシニア・コモン・ルームで会って昼食にサンドウィッチを食べながらおしゃべりしたり、ほんの時おりディナーに招待したり、されたりの間柄なので、まだ彼がどんな人生観を持っているのかなど一番知りたいことが分かっていなかった。泊まってもらえば、朝から晩まで一緒に行動し、おしゃべりし続けるので、人柄の輪郭がだんだんはっきりしてくる。

「このホテルはいいホテルだね」とエメレスが言った。

「このバルクラガン・ホテルはヴィクトリア朝に建てられたもので、当時タバコ産業で大金持ちになった実業家の家だったのが、今は、人手を何回も替えられた後ホテルとなったという歴史があるのですよ。踊り場のステンド・グラスが素敵でしょ。ラファエル前派の画家たち、特にバーン・ジョーンズの作品を思わせるスタイルでしょ」と私は、まるで自分のホテルででもあるかのように得意がっていた。

家探しの時二週間、またバルクラガンの新しい我が家に移り住む前に二週間泊まったので、かなり馴染みになっていたのだ。バルクラガン村は、ヴィクトリア朝に、グラスゴーで大金持ちになった人たちが海辺の避暑地として家を建てたことから、今でもかなりの数の家が大邸宅という名にふさわしく、天井が高く、そこには漆喰のレリーフの飾りがあり、庭などもゆったりと大きい。だからこの村には独特の雰囲気がある。

私はエメレスに、バルクラガンに新しい家を建てることになった経緯を話し始めた。

マンチェスター市に隣接するソルフォード市のソルフォード・キーズにある家を売りに出していたのだが、私たちが望んでいたより早く売れてしまった。売りに出してからすぐに何度かスコットランドに家探し（こちらではハウス・ハンティングと言うのだが）の旅に出てはいた。いくつも、いくつも家を見て回ったけれど、これという家に出会うことはなかった。夫と「ワオ・イフェクト」（これは飛び切り素敵と感じさせてくれるもの）がある家でないと、またソルフォード・キーズの運河の水に包まれ、白い我が家の天井に太陽の屈折した光が遊んでくれるこの家よりも、もっとすばらしくなければ買いたくないと申し合わせていた。

「ワオ・イフェクト」のある家などそうざらにあるものではない。しかも、私たちの限りある予算では飛び切りすばらしいものが見つかるのは大変難しいことだと分かっていた。

でも、最後の最後に一つだけ、私がはしたなくも「ワオ」と言ってしまった物件があったのだ。周りは防衛庁の森林に囲まれていて、大きな自然体の庭の端には滝が流れていて、夏にはその下で泳いだりもすると、現在の持ち主は言う。庭の左端にはちょろちょろと小川も流れている。総ガラス張りの台所からは、吊るしたピーナッツ袋に様々な鳥が寄ってきて、炊事をしながら、居ながらにしてバード・ウォッチングができるのだ。

居間からは緑、緑、緑の庭が見えた。居間と台所を繋ぐ「ギャップ」と持ち主が呼んでいる小さな空間には、アンティークの家具と溢れるくらいの観葉植物があって、内と外とを緑が繋ぎ合っているのであった。

室内装飾も趣味良くなされ、またかなり冒険をして、持ち主の好みがはっきりと前面に出されていた。大きくはないダイニング・ルームには深い緋色の壁紙が貼ってあり、どっしりとした質の良いカーテンもまた、それにマッチして緋色であった。天井から下がっている小型のシャンデリアのクリスタルが、緋色と似合っていた。

二階のゲスト・ルームは全て桜色といっていいほどの淡いピンクで飾られ、ご主人と奥さんのマスター・ベッドルームは全て白が使われていた。十代のお嬢さんの部屋は、アラブ風情に仕立てていてショッキング・ピンクや紫に添えて、キラキラ光るものをあちこちに装飾としてあしらっていた。一階にあるバス・ルームは見逃してしまったが、二階にあるバス・ルームは全て、タオルに至るまで徹底して茶とベージュでまとめられていた。もう私は気に入って気に入って、どんなことがあってもこの家を買うと決め込むほどほれ込んでいた。

持ち主とも意気投合し合い、「どうか、この家は他の誰にも売らないで、私たちに売ってくださいね」と頼み込む始末であった。「あの大きな木と岩の間ぐらいに、小型の鳥居だって作ることができそうですね」などと、もうすっかり買った気になって、おしゃべりが弾んだ。

マンチェスターの家に帰るなり、夫はコンピューターの画面にその家の間取りを入れ、現在の私たちの家具の寸法を測って、その画面上でどこに配置するかまで決めて、意気揚々としていた。

次に、その家の近くにある町、フレイザーバラのサヴェイヤー（専門の家屋鑑定士）を雇い、数日にわたって家屋の上から下、床の下、敷地に至るまで全て調べてもらって、ちょっとした小冊子にまとめられたものが、サヴェイヤーから送られてきた。まあまあの報告であった。いよいよ買いたいという申し出を、これまたスコットランドの弁護士を雇って、彼を通して提出した。

ところがである。家の売買の仕方がイングランドとスコットランドでは大いに異なるのである。私たちもこのことを知らなくはなかったが、それほど詳しく事情に通じているわけでもなかった。売り手の主人は、この家を売りに出して一年以上も買い手がなかったという事実にもかかわらず、特に世間知らずの日本人の女性が、飛び切り気に入ってしまっているのを逆手にとってなのであろうか、売値に二五パーセントほど上積みして、これなら売ると言っていると弁護士を通して連絡があった。

後になって家の買い方の詳細が分かってきたのであるが、スコットランドでは家を買う時には、入札のような形を取る。売値に必ず「……オーヴァー」と付いていて、いくら以上で売るという値の付け方をしている。買いたい者は自分の思いの額を申し出て、売り手が気に入れば買えるけれど、いくら売値で申し出ても、売り手がもっと値を上げたいと思えば、売らないと言えるのである。また、口約束が、法律上の拘束を持つので、やたらに買います、売りますと簡単に言えば、大変なことになるとのことなので、注意するようにとも、弁護士から言われていた。ただ、いったん売り手が売ると言った以上、数日後にもっと高い額で買うという人が現れてもその新しい買い手に売ってはいけないと法律で決められているという。高額を後で申し出た買い手に売ってしまうことを、「ガザンピング」と言うらしいのだが、イングランドではこのガザンピングが頻繁に起こると聞いている。とは言っても、やはりスコットランドでは、断然法律は売り手の味方である。

わが生粋のスコットランド紳士である弁護士ダグラスは、一メートル九〇センチに近い長身、真白い肌というより青白い肌色で、大きい手をしていて、静かに淡々と、でもていねいに話してくれる。彼のオフィイスそのものがスタイリッシュで、壁紙はワイン色、カーペットは緋色、壁にはいくつものセイリング・ボートの複製が額に入れて掛けてあった。もちろん熱烈な「セイラー」なのだ。ダグラスに会った第一声は、「私は、弁護士はアメリカ大陸を発見することは絶対になかったであろうという持論の持ち主です」であった。なるほど、それくらい慎重には慎重を重ねて事を運んでいくということかと悟った。大変な人物である。彼の話し振り、白い大きな手が時々山と積まれた書類の端に当たったりする様子などを見ながら、私は興味津々として聞き入っていた。

夫も私も「あの家の売り手の紳士道にあるまじき態度に嫌気がさしたので、あの家はもう諦めました」とダグラスに言うと、「交渉はこれからで、話はまだ終わったわけではないから、そう頭から決め付けなくてもいいでしょう」となだめてくれた。でも夫も私もすっかり嫌気がさしていて、考えを改める気がしなかった。あんな持ち主の家など買いたくもないと、少々大上段に振りかぶってみたものの、内心は苦い失望感でいっぱいだった。「いや、交渉など結構です。この話はこれですっぱり終わりにします」と正式に申し入れた。全て一瞬のうちに、夢も計画も流れてしまったのである。

バルクラガンの住民になって一年くらいたった時、あるパーティで聞かされたのだが、他の人たちは家探しの時、売値の二〇パーセントくらい増して何度も購入申し出をしたけれど、三回も失敗して、やっと四回目で成功を収めたと言っていた。なるほど、私たちが買いたくて仕方がなかったあの家の持ち主は、当然のことをしただけなのだと初めて悟ったのだった。

エメレスは、忍耐強くなのか、それとも興味津々なのか分からないのだが、注意をそらさず、時々意見を挟みながら、相槌を打ちながら聞いていた。

マンチェスターの家は売れ、引っ越しもすんだのだが、さて、住む所がなくなってしまったのである。まさにホームレスになってしまった。七台から八台のコンテナいっぱいの荷物は一応、マンチェスターのピックフォード運送会社の倉庫に留まることになった。荷物には行き先があるのだが、さて夫と私はどうしたらいいのだろうか。

スコットランドにまた向かった。弁護士ダグラスに会うことにした。「お二人が買いたかったあの家のある所よりも、もっと良い場所がありますよ。バルクラガンといってね、そこにある家は皆南に向いています。しかもその南は海なのです。それに面白い人たちが住んでいる所でもあるのですよ。英国航空のパイロットもいれば、生物学者も住んでいます。防衛庁の所有する様々な船の船長もいれば、水先案内人もいます。僕のような弁護士もいます。実は僕もバルクラガンの住民なのです」

ダグラスのオフィイスを出るなり、車で三十分ほどの所にあるバルクラガンに走った。「ここからがバルクラガン」という看板が立っている所からなにか雰囲気が急に変わった。海岸線にある家々は皆石の塀があって、そのすぐ奥にはきれいに刈り込まれた生垣が作られていた。一戸一戸の庭が大きいのにも驚いた。石の家の構えが堂々としていた。なにか特別の雰囲気があると感じた。一目でバルクラガンが気に入ったのである。ここはなにか違う、今まで見た土地になかったものすごい魅力があると一人呟き、内心ここに住むと勝手に決め込んでいた。いつもの消えるのも早い炎の勢いで。でも、今度は消えなかった。

バルクラガン村に入ってすぐ、ベアード・ブレイという小道を右に曲がると左手に「バルクラガン・ホテル」が立っていた。「ここに泊まりましょうよ」と、二人同時に言い合って、二週間の予定で宿泊することになった。

私たちの不安と不便と不信感を慰めてくれるように、若い、ふっくらとしたホテルの女支配人は、二階の中央にあって、海が真正面に見えるハニムーン・スウィートの大きな部屋に通してくれたのである。たっぷりとした分厚いカーテンがバルコニーの付いた窓を飾り、同じ布地がベッドの上方にゆったりとしたドレープを作って下がっていた。船、特に帆船の絵の複製ではあるが、カーテンの紺色に合わせた色調の額に収まって、壁の三方を飾っていた。開けた窓からは、クライド海からの、冷たいけれど心地良い潮風が私の顔をまとってくれた。

なにか途方もなく嬉しくなって、「私、このホテル大好き」と繰り返し夫に言うと、「良かった、良かった」と言って、彼もほっとした様子であった。このような贅沢をしてもいいのかしらと少々良心が咎めたが、今の状態の私たちには、このような一時的な心地良さが絶対に必要であった。

二、三日ほどして、夫がまだマンチェスターでの用事がすんでいないので、出かけないといけないと言い出した。夫の留守中の二日間、私はこの土地をとくと一人で見て回ることにした。この村には海岸線と平行に三つの主な通りがあり、どこからも海が見え、羊たちがメー、メーと上のほうの丘から元気な声を立てていた。

一人で知らないホテルで食事をするのは、そう楽しいことではない。テーブル・クロスがちゃんとかかったダイニング・ルームでの食事ではなく、気安く、簡単に食べられるバー・ミールを取って、バーを出ようとする時であった。中年の男性が出口近くのソファに座っていたのであるが、「ちょっとすみません。あなたはもしかしたら日本人ですか」と声をかけられた。一人だったので声をかけやすかったのかもしれない。

「二、三日前にこのバルクラガンに来て、海岸通りの家を見ていたのはあなたではなかったですか」と尋ねた。

「きっとそうでしょう」と私は答えた。

「こんな静かな所でホテルに泊まったりしてなにをしているのですか。どうしてなのですか」と聞かれたので、「家探しです。でも、ここには売りに出ている家があまりなくて、少々がっかりしているところです」と伝えた。すると自分のことのように腰を据え直して、ここも見たらいい、あそこにも出かけたらいい、自分の工場の近くにもいくつか購入可能な家があると思うから、見てみるといいよと、実に親切に教えてくれた。

翌日、またホテルのバーでこの工場の持ち主、アントニィに再会した。「家探しはどう、うまくいっていますか」と聞いてくれた。私は、「家ではなくて、土地でもいいのですけれど。例えば、今日散歩中に海がよく見える良い土地があるのに気づいたのだけれど、地主をご存じないでしょうか」と尋ねると、その地主を知っているからぜひ訪ねてみたらいいと助言してくれた。

夫がマンチェスターの用事をすませて、バルクラガンに戻って来た時には、私はかなりいい仕事をしていたことになる。早速夫をアントニィに紹介した。そして翌日すぐに地主の家を探してみた。農場を二カ所に持っていて、その間の莫大な空間のかなり多くを所有しているらしい。彼は丘の上の羊を集めている最中であった。彼の母親が親切に、急な丘を駆け登ってくれて、息子さんを呼び出してくれた。

労働の真最中で顔には泥が跳ねていたが、そのまま応対してくれて、「実は、他は農地なのだが、この土地は売ろうと思って、市の環境課などと連絡を取り合っているところです。ほとんど全ての書類はもう出来上がっていて、構造工学士のピーター・ホランドの机の上で回答を待っているところです」と言った。不思議なタイミングであった。

その夜、知り合ったばかりのアントニィとホテルのバーでおしゃべりをしているところに、これまたタイミングよくピーター・ホランドが登場、アントニィが紹介してくれ、私たちの会話の仲間入りをした。「このバルクラガンに家を建てたいのだって、なんという風変わりな人たちなのだ」というのが開口一番のせりふだった。

冬の夜は長く、寒く、夏は短く、ミッジ（超小型の蚊よりひどい虫。ただずっと後で知ったのだが、ミッジをスコットランドの救世主と捉える人もいるらしい。それはミッジのお陰で美しい夏のスコットランドを敬遠する観光客が多いという理由かららしい）が住民を悩ませるし、雨は多いし、町には遠くて不便なのにと、ありとあらゆるマイナス要因を挙げ尽くした（住民となった今、これらは全て正しい情報であることが分かり、時々後悔することもないわけではない)。

「それでもお二人さん、ここに本気で家を構えたいというのですか」と詰問した。「本当の変人だけが、こんな所に住むのですよ」と念を押した。

「本気の本気です。よかったら、私たちの家を設計してくれませんか」と頼んだ。

翌朝もうすでにピーターの事務所に数時間座り続けて、家の話をした。ピーターが先導して、一緒にこの土地をもう一度見に出かけた。土地の南端にはスコットランドで言うバーン（小川）が流れていて、四、五メートルはある深い斜面があって、そこに百年から一五〇年はたっているというシカモア（カエデ）の木々が雄々しく立ち並んでいた。「この木々も私たちのものとなるのですか」と驚いて尋ねると、ピーターはにこりと笑って、「バーンの中央からこちらは全部あなたたちのものですよ」と明言した。

翌日もまた、ホテルから歩いて五分ほどのその土地を見に出かけた。その時、車が止まって先日出会ったばかりのリズが、「今夜、子羊の足をローストしてディナー・パーティをすることになっているので、よかったらいらっしゃらない」と招待してくれた。

まだ住民にもならないうちに、ディナー・パーティへの招待第一号であった。

でも、私たちには短期間でしなければならないことが山積していたので、次回を楽しみにさせてもらうことにした。大風で一本倒れたシカモアの木に近寄って見ていると、「私の庭にも一本倒れた古木のラバーナム（キングサリ）があって、それで器かなにか作ってもらうようにクラフト・マンにお願いしているのよ。あなたたちの木もきっとスツールかなにかができそうなので、頼んでみてあげましょうか」と言ってくれた。

「でもね、私たちまだこの土地を正式に購入したわけではありませんから、そんなことはできません」と言ったら、「ああ、そうでしたね」と笑った。私たちの喜びに満ちた笑い声も、一緒に響いた。「近いうちにまたお会いしましょう」と言って、車で消えた。このご夫妻とは後で仲良しになり、新しい村の住人の私たちをいろいろと助けてくれることになった。

事が起こる時には、このようにして水が滑らかに流れるように次々と起こっていくものだろうか。ダグラス、アントニィ、地主、ピーターと美しく流れていった。このタイミングとスピードには自分でも驚いていた。

二週間のバルクラガン・ホテル住まいが終わり、私たちはスターリングがそう遠くないポート・メンティースにあるホリデイ・コテッジに住まいを移した。

マンチェスターからスコットランドへ向けて引っ越す前に、エメレスと奥さんのノエルからは、「あんな田舎の、北の寒い所に、退職してから引っ越すなんて、気でも違ってしまったの」と言われた。そう言いながらも、引っ越し準備に忙しい私たちを食事に誘い出してくれたり、ダンボール箱を二つ、三つと抱えて慰問してくれたりもした。

退職を区切りに、マンチェスターの喧騒から、どんなことがあっても逃れたいと決心している夫と、英国のいわばおへその位置にあって、なにをするにも便利のいいマンチェスターに住み続けたい私の間で、少しの衝突もあったけれども、私は夫の望みを叶えてあげたいと、自然に思うようになっていた。夫が出した条件は二つ、海が遠からずの所にあること、大学が近くにあることであった。コーンウォール、ウェールズ、スコットランドという候補があり、特にウェールズとスコットランドは何回も視察に出かけていた。結局グラズゴー大学に研究室を空けて待っていてくれる旨の連絡があり、様々な出会いがあってグラズゴーから遙か西にあるバルクラガン村へと、住まいの焦点が結ばれることになった。

こうして、エメレス・エヴァンズ教授と飲んだり、食べたり、おしゃべりしたりと良い時間をいっぱい持つことができた。「トール、ダーク、ハンサム」の堂々とした彼には、実は高所恐怖症という弱みがある。ここに来る時も、クライド海の入り江をまたぐ高架橋アースキン・ブリッジをなんとか渡り終えた時、手にも額にも恐怖感で脂汗が滲んだと言っていた。マンチエスターに帰るには、どうしても途中アースキン・ブリッジを渡らなければならないからと恐れていて、青白くなっている姿が、どう考えても似つかわしくなくて、私は一人で笑ってしまった。

ヴァレリィとの出会い

ヴァレリィと最初に出会ったのは、私たちがバルクラガンの新しい家に引っ越して間もない頃であった。散歩の途中だったヴァレリィが、庭いじりをしている私に手を差し出して、「初めまして、私、ヴァレリィです。ダンバー・ロードは幸せの道なのですよ」とにっこり笑って春風のように温かく、速やかに、軽やかに通りの向こうに姿を消した。

確かにダンバー・ロードの両側は様々な、色取り取りの野の花で溢れているし、右手の上り坂の丘にも、左手のクライド海へと下る野原にも、羊がのんびりといつも草を食んでいて、その坂になった野原は一年中緑色である。春になれば、生まれて間もないよちよち歩きの子羊が、喜びを隠し切れず野を転げ回ったり、走り回ったりする。跳ね回るという意味の「ギャンボル」という言葉の響きが、その動きとぴったりと合う気がする。それにダンバー・ロードからは、月がとてつもない大きさで、海から昇り始める時、赤々となって海にまでその赤色を落とすのも見える。夕方には空がオレンジ色からピンクにそして薄紫色から群青色に変わっていくのもよく見える。だから、本当に「幸せ通り」かもしれない。

それから半年もたった頃、隣の町、フレイザーバラに出かけようとダンバー・ロードの入口でバスを待っていたら、また春風のように軽やかに私の立っている方に寄って来て、「あら、

「幸せの道」といわれるダンバー・ロード

おはようございます。お出かけですの」と聞いた後、ちょっとおしゃべりしているうちに小型のバスが来た。一時間に一本しかないのだけれど、朝早くから夜中近くまで時間通りに走ってくれて、その上リクエストに応じてどこででも止めてくれるので、タクシーに近いと言ってもいいくらいなのだ。

用事をすませて、フレイザーバラの町から帰りのバスに乗ったら、にっこり微笑んで「あら、またお会いしましたね」と言ってくれたので、思い切って隣の席に座らせてもらった。

一週間ほどして、また同じことが繰り返された。今度はもっとおしゃべりした。「フレイザーバラでなにをなさったの」とヴァレリィが尋ねた。「東京の親しい友人、眞理子さんがちょっと病気になって気落ちしているので、励ますために小さな贈り物を見つけに出かけたところです。ギャスケル夫人の小説に『ルース』というのがあるのだけれど、その中に登場する宗教心の篤い、慈愛深い中年女性、ミス・ベンスンがダムズン（紫色の西洋スモモ）でジャムを作る場面を思い出したので、ダムズンのジャムを送ったのですよ。私の友人はギャスケルを崇拝しています。それに『イングリッシュ・ガーデン』と骨董の雑誌も添えました」と私が答えた。「それはとても素敵な思いつきよ。独創的で思いやりのある贈り物の仕方だと思いますよ。そうですか、ダムズンのジャムね」と改めて反芻している様子だった。

その後、バスの中でジョージ・エリオットのこと、ハーディのこと、ディケンズのことなど話しているうちに、ダンバー・ロードに着いてしまった。その日はとても日差しの強い日だったので、小型の緋色の雨傘（これは昨年清水寺の夜の桜観覧の折、雨に遭い、買ったおもちゃのような傘だったのだけれど、高校時代からの親友、横浜のひとみさんが京都までわざわざ会いに来てくれて、英国に発つ前二日間、夫と三人で京都見物をしたという幸せな思い出にまつわるものだった。今でもあの時の夜空に浮かび上がった薄ピンクの桜の花びらのぼんぼりのような固まりと、小雨で湿った薄墨色の空気、光の中に突然現れた朱の門が目の前にいっぱいに広がってくるのだが）を日傘にしてさしていた。「今日はお会いしてとても楽しかったです」と私が別れ際に言うと、「こちらこそ、とても楽しかったわ。また近いうちにお会いしましょうよ」と言って別れた。別れを惜しむようにヴァレリィが「ほらほら、日本女性が白、黒の洋服に緋色の傘をさして、まあまあ日本がここに現れたわ」とやや興奮して、一瞬のその場面を満喫しているようだった。

数日して、ヴァレリィが直径四、五〇センチほどもある鉢に純白のカサブランカが十二本も立っていて、その蕾が今にも咲きそうになっているものを、後で分かったことだが、重いので途中で何度も休憩しながら持って来たらしくて、我が家のポーチに置かれていた。自分で仕立てたらしく、今までどのくらい待ったかと思うと、またやっと大きく膨らんだ蕾になって、これから咲くという一番いい時にくれたことなどが胸にじーんと響いた。

嬉しくてすぐカードにお礼を書いて、彼女のお宅のポストにそっと入れた。一週間もすると大きな純白の蕾が一つ、二つと咲き始めたのである。毎日ダンバー・ロードを通って散歩するヴァレリィは、「あなたのお家に明かりが一つ、二つと灯っているみたいで、私見るたびに嬉しくなるのよ」と言った。

次の週には、彼女がグラズゴーの町を案内してくれることになった。チャールズ・レニー・マッキントッシュのデザインした「ライト・ハウス」で待ち合わせた。私が「ライト・ハウス」に着いた時には、彼女はそれこそダムズン色（紺色に近い紫色）のシンプルなワンピースで細い身を包んで、黒の踵の高いサンダルを履いてロビーに立っていた。

二階でガラスの屋根越しに入ってくる陽を受けながら、昼食をとり、話が弾んだ。おしゃべりに夢中になってはいたけれど、ヴァレリィの少し向こうに、白ワインを飲みながら、本を読んでいる女性のことが気にかからないこともなかった。うるさい二人の中年女性と思っているに違いなかった。気の毒にと思いながらも、また声が少しずつ弾んで、高くなってきているのに気づいて、もっとしっかりと横を見ると、その若い女性はなんとアリスン・チャップマン博士だった。

五月の初めにグラズゴー大学の英文学科長のスーザン・カスティロ博士から紹介されて会ったままで、連絡を取らなければと思い続けていたところであった。私の身の上話などだらだらとしゃべっていたことが、恥ずかしくてたまらなかった。アリスンは昼食を一人でとって、去り際に「思いがけずお会いして嬉しかったわ。今日は私の誕生日を一人で祝っていたところよ」と優雅に微笑んで挨拶の言葉を交わして去った。

その後、ヴァレリィに小さな現代画家展を見てみないと誘われて、元銀行だった建物を改築してモダン・アート・ミュージアムになっている所に入った。ある画家は「ドウェリング」という題で悲しい顔や驚いている顔の群れを描いていた。二人で「住む」という意味もあれば、「考え込む」という意味もあるこの絵を読もうと、ああでもない、こうでもないと言いながら次の絵に移った。

西洋画にはよくあるように、頭蓋骨が前面に大きく描かれていた。私は「日本では頭蓋骨を描いた絵を見たことがないわ。この徹底したリアリズムは——つまり死を直視し、それを思い起こさせるもの、メメント・モリとして絵の中に定着させる——これはやはり西洋のものと思います」と言うと、ヴァレリィは「じゃ、日本では死をどう扱うの」と聞いた。

「日本では死に関しては仏教の影響下にあるようです。往生するといってね、亡くなった人はあの世でも新たにすることがたくさんあるらしいの。後に残し、かつて愛した人々を守ったり、助けたりするそうよ。残された者たちも、いつも美味しいものをお供えしたり、お花を飾ったりして、生きていた時のように話しかけることもあるのよ。少し情緒的に死と対峙するのかもしれません。同時に無常観の中で静かに、悲しみも抑えて諦観の中に流していくのかもしれません」と答えておいた。大きな、大きな問題なので、そう簡単には答えられなかった。一人で西洋のリアリズム、日本の情緒主義と呟いた。

次の絵は、イギリスの現代絵画では高名なアンソニィ・グリーン（一九三九年ー、ロンドン生まれ）のもので、家の中の様子を上からと少し下から見るという遠近法の混合を用いて、ユーモラスに日常生活を表現していた。一人の男性が今にも家の玄関から外に通じる階段の最上階で落ちそうになっているように見えなくもなかった。するとヴァレリィは「この男の人は私そのものよ。今にも落ちそうでしょう。私はこの世から今にも落ちかけているの。落ちないようにしようと必死で努力しているのだけれど。そうよ、あの人は落ちかけている私よ」と言った。「私は心の中が不安でいっぱいよ」と彼女は続けた。私はヴァレリィがこの世の中のなにから落ちかけているのかしら、どうして落ちかけているなどと言うのかしらと一人答えを探っていた。こうして自分の弱さを何気なくそうあっけらかんと、知り合ってまだ間もない私に打ち明けてくれたことで、二人の友人としての距離が短い時間の中で縮むような気がした。

そのうちにヴァレリィを我が家に招いて、ジョンと三人でランチを楽しんだ。木の皮を剝いで作った手提げ籠に溢れるほど、チョコレート色をした花が海老のような形で下がっているナツメッグの枝を詰め込んで、籠ごとプレゼントしてくれた。それに脇から出たという小さな苗をポットに植えたのを、「あなたの庭に植えてね、すぐに大きな木になるわ」と差し出した。それからシャボン玉が詰まっている赤のプラスティックの筒をくれて、嫌な人が来た時には、シャボン玉で吹き飛ばしたらいいとくすくす笑いながら手渡してくれた。

シャボン玉で嫌な人、嫌なことを吹き飛ばすアイディアは、私が以前会話の中で何気なく「ブロウ・アウェイ」（吹き飛ばす）という表現を使って、ちょっと落ち込んでいる彼女を励ました時にヒントを得たらしい。彼女がバルクラガンの家を売りに出して売れ、隣の町、フレイザーバラにフラットを見つけて購入する際に、弁護士が理不尽なことを言って、不必要に困らせていた時のことだった。それで、シャボン玉で「ブロウ・アウェイ」することを思いついて実行したら、すっとしたらしい。

翌々日にはお礼の美しいカードが届いた。

こちらの人は、きちんとこうしてカードを送ってくれるので、お招きして色々と食事の準備やなにかで疲れはするけれども、なによりのご褒美をもらった気がする。しばらく部屋に飾り、その後はディナー・パーティ・ノートに日付、招待者、出した料理および感想を書いた隣り合わせのページに、お礼のカードを貼ることにしている。もうずいぶん貯まってきた。

ヴァレリィが、「私、『ルース』のダムズンの話を聞いた時から、ダムズンがずっと頭にあるのよ。そうしたらどうでしょう。きのう近所のピーターが庭のダムズンの木から実を籠いっぱいに収穫していたのよ。ジャムを作るって言っていたわ。もちろんあなたのお友達のことも思い出していたわ。お友達のお加減はいかがかしら」とも聞いてくれた。

ある日、ヴァレリィの散歩の帰り道、庭いじりをしている私の姿を見て声をかけてくれ、門越しにおしゃべりをした。野の花束を手にしていた。「愛らしい花ですね」と私が言うと、彼女は「ほとんど一年中といっていいくらい、私の部屋は野の花が飾ってくれるのよ。全ての美しいものが、いつも身の周りに、すぐ近くにあるの。でも、たいていの人はそれに気がつかないし、注意して見ようともしないのよ」と言った。

「ハルミ、あなたは流れる川の水のようよ。自由に流れて、色々な石を見つけてはぶつかり、それに反応して水を跳ね返すわ。ピンピン跳ね返すの。それに石にぶつからないことがないの。自由に流れながら、出会うもの全てをあなたらしい感性で感じ取り、呼応していく人よ。だから私あなたに惹かれるの」と言った。これは彼女自身の感性を、私という鏡に映して見ただけだと思った。でも嬉しくないと言ったら嘘になる。

せっかく親しい友人になりかけていたばかりの時に、彼女は村の生活の不便に耐えきれず――私と同様車の運転をしない人なので――家を売ってフレイザーバラにフラットを購入した。引っ越しして一カ月ほどたった時、カードが届いてぜひフラット（ある階の部屋を全部くるめたものをいう。彼女のフラットは寝室が二つ、居間、ダイニング・キッチン、バスルームから成っていた）を見に来るように誘われたので、マッキントッシュ風（スコットランド出身の建築家マッキントッシュ流）のデザインが施された蓋付きの入れ物をプレゼントに持って出かけた。彼女にはお嬢さんがいて、現在香港で会計士をしており、彼女自身は離婚して一人暮らしをしていることのほかは、彼女のライフ・スタイルなど知る由もなかった私は、彼女の住まいを見て、なるほどと思った。素敵なフラットだった。個性的で、趣味の良いものであった。

ヴィクトリア朝の建築なので、まず天井が非常に高く、全ての部屋が実際以上に大きく見えるし、確かに大きな空間を占めていることには違いはなかった。入り口の共同のドアは古くて傷んでいて、まさかあのように美しい部屋がこのドアの向こうに潜んでいるとは夢にも思われなかった。このドアを開けると石の階段があって、そこにはヴィクトリア時代特有の鋳鉄の入り組んだ模様が入った手すりが付いていた。階段を上り詰めると、ヴァレリィのフラットのドアがあって、ベルを鳴らすと、重いドアを開けてくれて、「さあさあ、どうぞお入りくださいな。ようこそいらしてくださったこと」と喜んで迎えてくれた。

玄関から居間までの空間は少し薄暗くて、狭いのだが、その左手の壁の真中に大きな鏡が掛かっていた。その鏡の周りを、そう二十個ほどもある様々な帽子がピンで留められていた。小型の浅いどんぶり型のもの、大きなつばのもの、長い鳥の羽をあしらったものなど、帽子の一大コレクションであった。「私、家で掃除機をかける時、好きなのを被って楽しむのよ」と悪戯っぽく笑った。

居間に入ると、真正面から海にぶつかった光がキラキラと天井に光っていた。天井が高いので、地中海色のカーテンの長いこと、天から滝が流れてくるようだった。海と光の舞台に向かって、観客席が設けられているように、ソファが海と真向いに置かれていた。

「私の家からも、海や空がよく見えて幸せと思うのだけれど、ヴァレリィ、あなたのこのお部屋からは海が摑めますね。この海全部があなたのものね。ほら、両手いっぱいに抱き込めるわね」と私はやや興奮しながら言った。

「こんな素敵なフラットが見つかるなんて、なんと幸運だったのでしょう。あなたを待っていてくれたのよね。きっと」と言うと、彼女は、「完全なものがいつも身の周りにあるのに、人は気づかないだけ。あるのよ。至る所に備えられているのよ。このフラットだってそうだわ」と主張した。

台所に通された。台所の出窓のカーテンは、透ける白い柔らかい布で、これまた高い天井から下がってきて、しなやかなドレープが付けられていた。出窓に愛らしく咲いている紫色のアフリカン・ヴァイオレットとよく似合っていた。隅に六〇センチほどの高さのまるでお地蔵さんのように見える丸坊主の灰色をした石の像が、大きな黄色いリボンを首に着けられて立っていた。この「お地蔵さん」を私が指差すと、ケラケラと笑いながらヴァレリィはその訳を話し始めた。

「このガーデン・ノームはね、昔からずっと私の傍にあったものなのよ。何度も何度も引っ越しをしたけれど、このガーデン・ノームだけはいつも放さずにいたの。ここのフラットに移ってきた時、入り口のドアの横にこれを置いていたの。ところが、翌朝ドアを開けたら、ノームがいなくなっていたのよ。それで慌ててあちこちを探し回ったけれど見つからずにがっかりしていたの。悲しい思いで窓から海を見ていて、ふと目を海岸のプロムナードにある大理石の記念碑に移すと、私のノームがその足元にひっそり立っているではありませんか。一目散に飛び出して、海岸通りを横切って、失ったノームを胸に抱きましたよ。『ようこそ私の元に帰ってきてくれたこと』と声をかけて、やっとの思いで抱えて来たの。そして大きな黄色いリボンをノームの首にかけてあげたわ。もうドアの外には置けないの。それで台所に座しているわけ」

彼女はこのような小さな出来事も一つひとつ手に取り、味わい、眺め、人生の模様の一つとして織り込んでいく人なのだ。

ヴァレリィからもらった白いカサブランカの蕾が出てきた。つやつやと元気のいい葉の間から、蕾がたくさん顔を覗かせ始めた。あと一カ月もしないうちに大輪の花を咲かせるであろう。これで三年目である。彼女からもらった一〇センチほどだったナツメッグの苗も、もう四〇センチほどの高さになって、勢い良く成長し始めている。

そう思っていると、電話が鳴った。

「私、今考え過ぎていて疲れ切っているの。キバナノクリンザクラを、その黄色を、なにも考えずにただ見ている時の幸せを思ったの。そう、もうしばらくは考えるのをやめて、野の花をじっと見て、それを楽しんでいよう。そうしよう」と独り言のように言った。

それで私も、イングランドのチェシャー州にあるタトン・パークで石楠花《しゃくなげ》の群生を見た時、あまりの美しさにじっと見入っていて、自分が石楠花と一つになって、石楠花になった気がした瞬間のことを話した。その瞬間は私にとって完全な美の瞬間で、瞬間が永遠に思われ、満たされた完全性そのものであったこと、だから他になにも必要と思われず、喜びだけがそこにあったことを話した。それでヴァレリィの言うキバナノクリンザクラを見ているだけの純粋な喜びが分かった。こんな時には他のことはなにも頭に入ってくることもない。

ヴァレリィが「あなたの庭造りははかどっているの」と聞いた。

「きのう、ラバーナム（キングサリ）を二本植えたのよ」と報告して、私はなぜラバーナムなのかを説明した。

「オスカー・ワイルド[2]の小説で『ドリアン・グレイの肖像』っていうのがあるでしょう。物語の最初にドリアンの肖像を描いているバジルの庭から花の香りが風に乗ってスタジオに入ってくる描写があるの。そしてそのスタジオから『蜂蜜の甘さ、蜂蜜の色をしたラバーナムの花がきらりと光るのが見え、震えている枝は炎のような美しさの重みに耐えかねているように見えた』と書いているの。その少し後で、この上もない美男子ドリアンの若さが保てるのはほんのわずかの時しかない、それに比べてラバーナムの花は、枯れてもまた来年の六月には今と同じ黄色になる、とあるの。輪のように循環し続けるラバーナムの命と一直線上を逆戻り不可能で進んでいる人の時間と命とを、ラバーナムが対照させてくれるの。私はラバーナムを見るたびにオスカー・ワイルドを思い出すのよ。ガーデン・センターでラバーナムを見たとたん買いたくなったの」と話した。

ドリアンが冷たいライラックの花房に顔を埋めて、まるでワインであるかのように、その花の香りを必死になって吸っている場面も、そこに居合わせたかのように私は感じ取っていたけれど、そして、美への陶酔を人生の最大の喜びとする生き方もあると感じていたけれど、そこまでは話さなかった。

注

1　エリザベス・ギャスケル（一八一〇－六五年）　ヴィクトリア朝の小説家。マンチェスターのユニテリアン教会牧師夫人として、目にした当時の労働者階級の貧困と苦悩を、リアリズムの手法を用いて、愛と共感を持って描出した。代表作に『メアリィ・バートン』『クランフォード』『ルース』『北と南』『シルヴィアの恋人たち』『妻たち、娘たち』などがある。

2　オスカー・ワイルド（一八五四－一九〇〇年）　アイルランド出身の詩人、小説家、劇作家。「芸術のための芸術」という芸術至上主義を掲げ、耽美的傾向を示す。代表作に『ドリアン・グレイの肖像画』『幸福な王子』『サロメ』『ウィンダミア卿夫人の扇』『真面目が肝心』などがある。

虹立つ村

二階にある私の書斎の机は南向きに置かれていて、そこからクライド海が見える。机について、物を書いている時であった。ふと目を上げると、目の真ん前に大きな虹が弧を描いている。それも二重の虹で、内側の虹が紫、藍、青、緑、黄、橙、赤と並んでいるのに、外側の虹は色が逆に並んでいる。虹の根っこまで見える気がする。追いかけて、虹の根っこを手で摑んでみたい思いにかられる。見つけたようで、絶対にしっかりと目に収められないのが、虹の根っこである。なにか私たちの憧れを象徴している気がする。摑んだようで摑めなく、見えたようで完全には見えないのである。

スコットランドに来てまだ三年なのに、今までの一生のうちに見た虹の数を遥かに超える数の虹を見た気がする。ある時は三時間のうちに六回虹を見たことがある。しかもここは海に面しているので、虹の根っこまで含めて完全な半円形がなににも邪魔されずに見える。それくらい天候が変わりやすく、太陽を右手に見ていながら、一方で雨が降る。そしてすぐに止んでは、黒い雲を空に置く。それでも太陽はその奥から顔を覗かせ、明るい光を海に放射するというふうに。

今日は虹が出なかった。けれども太陽と雨と雲が同時に足速く入れ替わっては絶妙な自然の姿を現している。コンサーヴァトリィ(ガラス張りのサン・ルーム)の小テーブルで『嵐が丘』の最後の章を読んでいる時であった。ヒースクリフは食べるのを拒んで、ちょうど著者のエミリィ・ブロンテ(1)自身が結核で弱っているにもかかわらず、薬を拒否して、肉体を気遣わずに死んでいったことと見事に符合するように、死に向かう場面である。ほとんど肉体を突き破って、崩して、魂を解放させ、自由に赴くべき所、つまり地の下に眠っている、愛するキャサリンの魂のもとへ行き、そこで二つの魂が完全に融合して永遠の領域に住まうことへ向けて、ほとんど歓喜の状態で死を望む場面であった。

キラキラする光に誘われて、私は目をふと上げると、コンサーヴァトリィの海側のガラスに雨の水滴が何百という数で張り付いているのに気づいた。そこに黒い雲を破って太陽が思い切り、ほんの短い時間、そう数分あまり射したので、ガラスに止まっている水滴は突然一斉に輝いている何百個のダイアモンドに変わったのである。窓ガラスの手前の棚に置いた、燃えるような緋色のポインセチアさえ、あの何百個のダイアモンドの下では、陰だけの存在に縮小されてしまっていた。すると時々光るダイアモンドが、まだまだ光り輝きながらもガラス窓を下へと滑り落ちていった。そしてその儚《はかな》いダイアモンドは、数分のうちに消えてしまった。「色」であり、「空」である。溢れる実体であり、同時にからからの空っぽである。なにか私たち自身に似てなくもない。

雨の多いスコットランドを疎ましく思う人が多いが、この雨のお陰で、なんと面白い、思いもかけない風景がどんどんと目の中に入ってくることであろうか。これは去年の初冬の熟した午後のことであった。表玄関のドアを開けると、つい今しがたまで降っていた雨が止み、低い西日が庭いっぱいに差し込んできて、グランディシア・トリアカンサス（別名サンバーストで雲間からさっと漏れる陽という意味）の黄色い鋸のようにとげとげの形の葉の固まりが、まさに太陽そのものが庭にぶら下がっているように黄金色に光を放っていたのである。息を呑んだ。そして芝生の上に落ちた水滴が、あの時は何千個ものダイアモンドのように光った。

バルクラガン・ホテルのバーが、この村の社交場の一つとなっている。夫は一週間に一、二度ここへ出かけて、ビターを飲みながら村人とおしゃべりするのを楽しみにしている。私もたまに同行する。十一月のある夕方、もう暗くなっていたのだが、バーから出て来て海の方を向いたら、立っている側に街灯があって、その明かりが雨と言うには重くなく、それかといって霧ほど軽くはない、それでもやはりけし粒ほどの水滴が、降っているというより、宙に浮遊しているのを照らし出していた。「なんと不思議なものでしょう。雨のようで雨でもなく、降るのではなくて、浮いているこの水滴はなんなのかしら」と呟いていると、一緒にバーから出てきて横に立っていたフレッドが、「スコットランドではこんな日をソフト・デイというのだよ」と言った。そのうちにパーティで知り合った、スコットランドでは有名なジャーナリストのルースにこのことを話すと、「ああ、それをスコットランドではスマーというのよ」と教えてくれた。

グラズゴーから遙か西にあるこのバルクラガン村へ引っ越す時、マンチェスターの友人たちは気が違っている、そのように北に向かっていくのは絶対におかしいと言った。確かに緯度は北緯五六度、カムチャッカと同じくらいである。日本の北の果て、稚内でも北緯四五度の少し北なのだから、スコットランドの我が村は、冬は雪や氷で固まってしまうという印象を与えるらしい。でも北緯五六度にもかかわらず、メキシコ湾から暖流が大西洋を渡って我がクライド海まで届くとみえて、雪もほんの時たましか降らず、我が家の南向きの寝室の窓は、真冬でも新鮮な空気を入れるため半日は開けることにしている。海からの潮風はさほど冷たくもない。

注

1　エミリィ・ブロンテ（一八一八–四八年）　英国の作家三姉妹の一人で、ヨークシャーの荒野、ハワースを舞台に『嵐が丘』を書いた。詩人でもあった。

ウィスラーとカーライル

ジェイムズ・アボット・マクニール・ウィスラー[1]の死後百年を記念して、グラズゴー大学のハンテリアン美術館で「ウィスラー展」が開催された。開幕してすぐに見に出かけた。有名なピーコック・ルームの孔雀絵の下絵の動きのある描写には感動を覚えた。しかし、他の油絵はなにかどれもこれも焦点の外れた写真のようにぼやけて輪郭がはっきりせず、色彩も抑えられており、人物像のいくつもの細長い大きいキャンバスの下の方は、ほとんど未完成のようにも見えて、なにか今ひとつ心に届かない気がした。

そんなはずはない。私の目が良くないに決まっている。それに最初に出かけた時は夫と一緒で、なにか相手に気を取られていて、鋭く集中して見ていなかった気がする。もう一度ゆっくり足を運び直してみたいと思っていた。展覧会が終わる少し前に、一人で出かけた。今度は時間の制限もなく、じっくりと見られた。すると少しずつウィスラーが私に近づいてきた。ウィスラーの世界のドアを少しずつ開け始めてくれた。

あの細長い人物像、特に妻の妹、エセル・フィリップを描いた絵がなにか私に語り始め、美術館を去った後も、私の後を追いかけてくるのであった。

説明書きのボードに興味をそそる一節があった。エイ・ジェイ・エディが書いた『ジェイムズ・マクニール・ウィスラーの思い出と印象』から引用されていたのだ。

光が弱まり、影が濃くなると、全てのきれいなそして正確な詳細は消え、全ての些細なものが消えると、私は物事を大きな力強い塊として見る。つまり、ボタンはなくなる。でも服は残る。服がなくなる。でもモデルは残る。モデルがいなくなる。でも影が残る。そしてその影を、夜が画家の想像力から消し取ることはできない。

これだと思った。ウィスラーは故意に画面から詳細を削り取っていったのだ。そして対象の本質だけを画面に残したかったのだ。そう言えば義理の妹、エセル・フィリップの心の内部が、見る者に問いかけてくるのが感じられる。

有名な「ウィスラーの母」の絵は、「グレイと黒の組み合わせ、第一、画家の母親」と題して描かれている。これは今回の展覧会のためにパリのオルセイ美術館から特別出品されたものである。

「ウィスラーの母」の絵をウィスラーのスタジオで見ていたトマス・カーライル(2)は、自らの肖像画を、その絵に倣って描いて欲しいと依頼した。カーライル七十八歳の時である。カーライルの肖像画は「グレイと黒の組み合わせ、第二、カーライルの肖像」と題されている。この絵は普通はグラスゴー市内のケルヴィン市美術館に展示されているのであるが、今この美術館が三年計画で修復中のため、同じくグラスゴー市内のマッカラン美術館に移されている。

このカーライルの肖像画を見にしばらくしてから出かけたのだが、ジョンは見るなりなんの予備知識もなく「あ、ウィスラーの父だ」と冗談を言った。鋭い直感である。「ウィスラーの母」も同じく横向きで、同じ灰色と黒の組み合わせの色調、そして黒の「塊」が画面を圧倒している。もうこの時は、私はウィスラーの意図が前よりもよく分かりかけてきていた。詳細を意図的に削っていった結果、カーライルの内面が、思考する人の深さが見る者に訴えかけてくる力強さがある。

このカーライルの肖像も、エセル・フィリップと同様私の瞼の裏にくっついていて、離れようとしないのである。カーライルの物思う顔、深く思考する顔の強さと彼の存在の偉大さが、顔から下のあの強い黒の塊、大きな黒の塊のサイズの大きさとバランスを取り合っている気がする。サイズとしては小さく描かれたカーライルの顔の質が、大きな黒の空間としての塊と拮抗できると表現しているのである。このようにして、単純化された肖像画の中から、描かれた者の本質が浮かび上がってくる。

私が最近カーライルに特別な興味を持ち始めたのには、ちょっとした偶然、幸せな偶然が働いている。二年前、イギリスのエリザベス・ギャスケル協会のジョウン・リーチさんからのクリスマス・カードに「ハルミ、ギャスケル協会のスコットランド支部を創設すべきよ!」と書いてあって、私は半分冗談、半分真面目なメッセージと思っていた。数カ月して、私はそれを真面目なメッセージだと受け取ることにした。グラズゴー大学に働きかけ始めたけれど、学部長がアメリカ文学ご専門のアメリカ人の女性なので、忙しいのと相まってあまり興味を示してくれなかった。三度押してみたけれど反応がない。立ち往生の状態だった。

去年の九月、イングランドのナッツフォードでの秋のギャスケルの会に参加し、帰りにどうしてもカーライルの生家が見たいと思っていたので、エクレフェーカンに立ち寄ることにしてもらった。同行した夫は、私のことを「カルチャー・バルチャー」（文化ばかりを禿げ鷹のように貪り食うもの）と呼び、車から降りることもなかった。今はスコットランドのナショナル・トラストの管理下にあるけれど、人っ子一人いないカーライルの生家をじっくり見せてもらった。入り口の台にカーライルの伝記本が展示され、確かめるとソルテア協会（ソルテアはスコットランドの国旗の青字に白の斜めクロス模様を指す）から出されていて、著者はイアン・キャンベル教授となっていた。その本をそこで買った。後にキャンベル教授のご自宅に招かれて、カーライル研究に文字通り生涯を捧げておられる様子を拝見することになるとは、もちろんその時は夢にも思わなかった。

生家の二階に上がって行くと、左手の部屋にカーライル八十歳の誕生日パーティの出席者の一覧表が、同席者自筆の署名入りで展示されていた。錚々たる顔ぶれである。ジョージ・エリオットとパートナーのジョージ・ヘンリィ・ルイスもいたし、確かサッカレイもテニスンもいたと思う。そしてなによりもエリザベス・ギャスケルも同席していたのだ。ギャスケル、カーライル、キャンベル教授と繋がっていった。エディンバラ大学のキャンベル教授が、ギャスケル協会スコットランド支部設立に手を貸してくれるかもしれないという思いが走った。

帰宅すると、ジョウン・リーチさんから信じられないくらいの見事なタイミングで手紙が来ていて、イアン・キャンベル教授に連絡を取ってみましょうかという内容であった。私はその偶然に驚いてしまった。カーライルの生家への訪問とキャンベル教授の本との出会いのことを手紙にしたためて、すぐに送った。

このようにして、二〇〇三年八月ダラムで開催されたギャスケル国際学会で、初めてキャンベル教授を紹介された。その後連絡を取り始めて、秋からはカーライル協会の会員にもなる予定であり、ギャスケル支部の話もこれから進んでいくことと思う。何かを強く願っていると、いつか流れる雲が美しく一つに繋がっていくように、一つの点に集まってくるのを経験するのは不思議な気がする。でもこのようなことが起こるのである。

後日談がある。美しく流れた雲に、暗雲が現れ流れを消した。ギャスケル協会スコットランド支部大会第一回が、エディンバラ大学で開かれ、成功裡に終わったと思えたのだが、スコットランドではどうしてもイギリス文学への情熱は、イングランドほどではないと痛感させられたのである。この計画は立ち消えになってしまった。

その後、少し楽しいこともあった。私はバルクラガン村のブック・クラブの会員になった。月一回の集まりで、月の本を選んだ人が、その会の場所を提供し、会の司会をすることになっている。私はギャスケルの『クランフォード』を選んで、我が家で会を開き、十二、三人が集った。皆ヴィクトリア朝の小説は学校のシラバス（授業科目）に入っていて、学びながら読んだので面白くなかったけれど、こうして読み直してみるとやはり古典はすばらしいと言って喜んでくれた。そのうちに、「ギャスケルの伝記、よかったら貸してくれない」と尋ねる人も出てきて、ギャスケルへの興味を呼び起こす機会になってくれたかもしれない。一年ほどしてB

BBCのコスチューム・ドラマ（日本の時代劇と同様、場所設定、衣装に至るまで当時に合わせて作ったドラマ）として「クランフォード」が放映され、ブック・クラブの会員は食い入るように見て楽しんだらしい。

注

1　ジェイムズ・アボット・マクニール・ウィスラー（一八三四－一九〇三年）　アメリカ生まれの芸術家で、活動の本拠地を英国に置いた。「芸術のための芸術」運動の指導者的立場となった時期もあり、当然のこととしてオスカー・ワイルドと親交を持つが、後に関係は冷める。ワイルドの『ドリアン・グレイの肖像』に登場する画家は、一説によるとウィスラーがモデルとなっているとも言われている。ラスキンの批評に対して、名誉毀損で裁判に持ち込み、かろうじて勝訴したなど、色々な意味で評価が二分される芸術家である。

2　トマス・カーライル（一七九五－一八八一年）　スコットランド生まれの評論家、歴史家。

私のガーデニングと薔薇と羊

二〇〇〇年の秋に、完成とは言えないけれど、なんとか住めるように出来上がった家に、私は早く庭を造りたかった。夫も私ももう若くないので、時間が大切である。木は時間を食べて成長していくのだから。本当は家の前庭は、庭師を入れて造ってくれるというのが契約だったのだが、庭などいつまでたってもできそうにない。ただ庭師が数日にわたって五人がかりで庭を耕して、そこに芝生の種を蒔いていった。

しばらくすると芝生の芽が出て庭も緑になってきたのは嬉しいのだけれど、雑草も一緒に生え、ものすごい勢いで芝生を押しのけるように繁殖していく。一番ひどいのはドッグ・リーフで、ごぼうのような根をしていて、どんどん増えていく。私はもう待てずに、花木を植え始めた。ハニー・サックル（すいかずら）、薔薇、そして石楠花を一番に選んだ。門から玄関までの敷石の両側に薔薇を植えて、郵便配達人やお客様、それに自らを薔薇の花で迎えたかったからである。

我が家の名前を「ウィンド・ローズ・ハウス」と付けたのだから、庭を薔薇で覆いたいという思いが強い。ちなみにウィンドローズというのは、海洋気象用語で、ある地域における一定期間の風向きを図にしたもので、よく薔薇の花の形を取る。夫は海好きで、海図を見つめていることがよくある。私の薔薇への傾倒と組み合わせて、この名前を新しい我が家に付けることにしたのである。

ところが、我が家の隣の農家は、この地域一帯の土地を所有しており、羊にあちこちの囲いの中で草を食ませるのであるが、時々そこの塀を越えて冒険好きの羊が、我が家でディナー・パーティをすべくやって来るのである。ある時、朝六時に近くの友人から電話がかかって、「あなたの庭に羊がいっぱい入っていますよ」と言うので、大慌てで庭に出てみると、やっと膨らみかけていた薔薇の蕾の大ご馳走を食べ終えて、私に追われていやいやながら門から逃げていく始末であった。羊はグルメである。周りに嫌というほど草があるのに、我が家の庭に来るとまず薔薇の蕾の香り高い、柔らかい前菜を大いに楽しんだ後、主菜に低木の新芽をむしゃむしゃとお上がる。ひどい時には、薔薇の蕾だけでは事足りず、根ごと引き抜いてふさふさとした豊かな羊毛のある背中に担いで、我が家の庭を堂々と歩くのである。

しばらくすると、若くて、堂々としてハンサムな農場主が、フェル・シープという丘や岩山で育ったタフな子羊を買い入れて、農場で育てることになった。見る見るうちに成長して、まるでライオンになったような振りで、五頭が我が家の前の道を通り過ぎる時には、私の目を奪ったものである。

ある朝目覚めて玄関の戸を開けると、階段三段だけ庭より高くなっているポーチに置いてあった二つの直径五〇センチほどの植木鉢にぎっしり植え込んでいた純白のプリムローズが、すっかり食べられて、根っ子の方だけがあちこちに散乱している始末であった。以前の羊たちは少しだけ礼儀をわきまえていて、他の木の芽や草花は食べても、ポーチにまで上がってくることはなかった。でもこの五頭のギャング団は謙譲の美徳などどこ吹く風というように、美味しいものは全て食べ尽くして去っていくのであった。私の庭の主な草木が全て食べられ、白のプリムローズを台なしにされた時には、さすがの私も泣いてしまった。

翌年、薔薇を新たに植え替え、数もかなり増やして、門から玄関までを薔薇が飾ってくれる

ウィンド・ローズ・ハウスの薔薇ありし頃

ようになった時、その農場主は門越しに私に挨拶して、「薔薇がすばらしく咲きましたね。きっと私の羊が食べてあげたので、後の育ちが良かったのですね」と悪戯っぽく笑った。私が悲しそうな顔をしていたのをきっと読み取ってくれたと思うのだが、農場主は五頭のギャング団をそのうちにどこかへ売り払ったのか、いつの間にか姿を消し、我が家の庭は平和を取り戻し、遅まきながら少しずつ着実に育ち始めている。塀も庭師に石を積み直してもらい、鉄条網も付け直してもらってからは、羊は不法侵入しなくなった。

羊に薔薇を食べられてはしょげているのを見て取った友人たちが、慰めてくれた。「薔薇がまた咲き始めてくれるまで、この薔薇の本でも楽しんでいてください」と本の扉に書いて郵便受けに入れてくれていた。それは、美しい薔薇のイラストレーションが右のページにあり、左にその薔薇の名、由来、初めてかけ合わされてできた年、その薔薇の特徴などが書かれた本であった。素敵な薔薇のカードも送られてきたりした。それには、「この薔薇のカードが、失われた薔薇の代わりをしてはくれないでしょうが、次に咲く薔薇への思いを込めてこのカードを送ります」と書いてあった。このように心優しい友人たちのお陰で、私は今は薔薇と羊のことをもう笑い話として語ることができるようになった。

悲しい話がこの後に続く。人々が野兎や鹿の害について話していた時、現実味を帯びた話として聞くことができなかった。どちらも見たことがなかったのだから。ところが、そのうちに鹿がついに我が家を見つけてしまったのである。鹿は羊よりもまだ貪欲で、食欲があり、その荒らし方は羊の比ではない。大好きだったガーデニングを諦めざるを得ないところまで追い込まれた。今は木に咲く花、桜、姫林檎、ラバーナム、石楠花などを楽しむことしかできなくなった。

ザ・ヘブリディーズへのセイリング

ヘブリディーズというのは、スコットランドの北西部の海を指す。内側のイナー・ヘブリディーズとアウター・ヘブリディーズから成る。イナー・ヘブリディーズにはアイラ島、ジュラ島、マル島、ラム島、スカイ島などが浮いているし、アウター・ヘブリディーズにはウェスタン諸島がある。南はノース海峡を隔ててアイルランドと接する。アウター・ヘブリディーズの西はもう大西洋である。

私たちのセイリング・ボートは「ニシノセキ」という名で、その由来は夫が一番好む日本酒、大分の「西の関」から取ったものである。西の関酒造所見学の折、いただいた特別な「西の関」の小ラヴェルを額に入れてボートに飾っている。それくらい気に入っているらしい。マリーナを時々替えるのだが、今「ニシノセキ」はキース・マリーナにある。キースはコンサヴェイション・ヴィリッジ（保護村）になっており、そこにマリーナがある。クライド海に沿う海岸線は隣の町フレイザーバラまで続いている。

フレイザーバラには木々に囲まれたお屋敷がたくさんあって、独特の雰囲気を醸し出している。そんなお屋敷の中に、ボヘニー・ハウスがある。出版社のウオルター・ブラキーの注文に応じて、マッキントッシュが設計したものである。家だけでなく家具まで全てマッキントッシュ流にデザインされ、どこからも光を取り込むようになっているのが大きな魅力である。薔薇の花があちこちにモチーフとしてデザインの中に取り入れられ、白、黒、ピンクと少しの紫が基調色になっている。フレイザーバラは人口二万人の小さな、スタイリッシュな町である。

二〇〇三年八月二十二日にキース・マリーナを出て、七時間かけてクライド海を渡ってトゥルーン・マリーナへ向かう。久しぶりに晴れ上がり、風もセイリングに格好の度合いで吹き、帆がハタハタと風の恩恵を受け、波は勢いよくグヴァー、シュシュシュシューと繰り返し音を重ね続ける。でも色々と不便も感じる。六時間もたってくると、強い日差しに打たれ、疲れてしまい、揺れているボートでは本もよく読めないし、だからといって船内にいるのはなおさら良くない。船酔いしてしまうのだから。陸地に戻りたい、自由にしたいことをしたいと不平の一つも言いたくなり始めていた。

やっとトゥルーンに着いて、マリーナの訪問者用のポントゥーン（浮き橋）に向けて、ジョンがゆっくりとボートを着けようとしていた。私がロープを持って船から先に降り、金属のロープ止めにくくり付けるところだったのだが、二人の男性がそれぞれのセイリング・ボートから私たちのボートに近づいて来て、私からロープを取って船をポントゥーンに引き寄せ、ロープ止めにくくり付けてくれた。これがセイリングをする人たちのマナーなのであろう。いつもこのようにどこのマリーナに着いても手助けをしてもらう。大変イギリス人の男性らしい親切だと思う。

登録をしにマリーナの事務所に行くと、係りの人が応対してくれて、マリーナ内の出入りのボタンの暗証番号を教えてくれた。毎日番号を変えるようである。「今日は一八一五で、ウォータールーの戦いが終わった年、ナポレオンに終止符が打たれた年ですから、覚えやすいでしょう」と笑いながら言った。二階のレストランで、セイリング・ボートのマストが林立するのを見ながら夕食を取り、疲れていたため早めにボートのベッドに入った。

八月二十三日。今日もまあまあよく晴れた朝が明けた。水をタンクいっぱいにしたりと、ゆっくり準備をして十一時にトゥルーン・マリーナを出た。今日はサンダという小さな島に向けて走ることになっていた。風がほとんどないため、帆は役に立たず、エンジンだけで走ることになった。波の音はきのうと違ってサー、サー、サーと静かな音を立てるだけだった。途中アザラシが愛嬌のいい顔を出してスルルーと泳いでいるのが見えたり、珊瑚色のくらげがプカプカと水面近くに浮いているのが見えるくらいで、あまり変化のないセイリングの日だと思った。

それで、バジル・ウィリーの『十八世紀の背景』を読み始めた。十八世紀の自然観に興味があって夢中で読んでいるうちに、ずいぶん時間がたってしまった。スプレイ・シールドの下で少しうとうとしていたら、変なかん高いアラームの音がし始めた。だんだん大きくなっていく。

ジョンが気にして、原因を探るために電気コントロール・パネルを開けて調べているうちに原因が分かった。以前エンジニアがマストの上のランプを調整した時に、どこかの接続が不完全になっていたらしい。ジョンがエンジンを止めて、海上でほとんど停止の状態で修理をしたら、ほっとしたことにアラームの音が消えた。船の方向を元通りに修正してサンダに向けて走り出した。安心して私はまた本に夢中になっていた。

かなり時間がたって、もうサンダまで七、八マイルという所で、何気なく本から顔を上げた。目の前に広がる空と雲と海の色と形が美しくて美しくて、本も投げ出して、カメラを船内から取り出し何枚も何枚も写真を撮った。三六〇度ただ海と空だけで、遠くには空にほとんど溶けているように見える島があるだけ。キンタイア島である。巨大な鏡の上を滑っているようで、その鏡が空の全てを映してくれている。夕方六時前になっていたため、空のきれいな水色も優しい色で、それを背景に白や淡いグレイの雲が様々な形を作っていた。その色をほとんどそのままに海に映しているので、大きな空間が一層大きく見える。無限にも見えるこの美しい淡いブルーと白とグレイの巨大な空間に立って、高く両手を広げながら、この中に溶けたいと一瞬思った。

この時こそ、ワーズワス研究に一生を捧げておられる恩師、吉田正憲先生が、我が家のダイニング・ルームで熱っぽくワーズワスを語られた時の「スポッツ・オブ・タイム」（自然に対してまるで神と交感するような高揚感で感応する特別の瞬間、自然の神という存在になると感じられる高揚感、自然との一体感を持つ時の一瞬）とも言うべき瞬間なのかもしれないと呟いていた。至福としか言いようのないこの瞬間、限りなく広がる空と海の真只中に、静寂の中に、立って、包まれ、なにも他に欲しいものはないと思わせる、これこそただ美そのものと思える完全な、喜びに満ちた瞬間である。

だが、淡い水色の至福の球形も永遠には続かない。空は刻々と動き、雲は形を変え十五分もすると全く違った色になってしまった。魔法にかけられたように、目の前にあるのは消えたブルー、そして灰色のグラデイションの絵模様だけであった。

その代わり、私は生まれて初めて太陽が完全に海へ映るのを見た。少しだけ雲に包まれていたので、恐る恐る見ることができた。そうでなければ目を駄目にしてしまうかもしれない。水に映った太陽の周りには、紫がかった灰色の輪ができ、波にゆらゆら揺れ、波と共に長い形になっては、また丸くなってずっとその変化を繰り返しているうちに、太陽の反写は雲に消されてしまった。なに一つ変化しないものはないのだ。

そうこうしているうちに、サンダの小さな湾に入った。すでにセイリング・ボートが四隻停泊していて、その合間を探るようにしながら、それでもプライヴァシィが保てるようにできるだけ他のボートから離れるようにして錨を下ろした。海は静かなので、私は船内に入って夕食の準備にすでに取りかかっていた。チキンの胸肉をフライパンでグリルし、ガーリックの細切りもこんがりと焼いた。その後蜂蜜、スコッチ・ウィスキィのラガブーリン、そして醬油を加えてソースの出来上がり。このソースは去年アイラ島にセイリングをして、訪ねたボウモアの海辺のレストランで食事をした時に出されて、大いに気に入り、私のレパートリィに入ってきたものだった。「ボウモア・ソース」と名づけていた。野菜はブロッコリィ、それに日本米のご飯。赤ワインの栓を勢いよく抜いて、船上でのディナー。

このサンダ島には前にも何回か訪ねており、特別の思いがある。特に去年訪れた時は、まだ停泊する船もあまりなく、それはそれは静かで、水は底まで見通せるほど透明であった。清く澄んでいた。波は静かながら、船はゆっくり時をかけながらも一旋回するのだった。けれども気分が悪くなることもなかった。今回のように船上のディナーを楽しんだ後、ほとんど満月に近い月が海から昇っていくのを眺めて楽しんだのを思い出す。昇り立ての月があのように真っ赤ということは知らなかった。少しずつ昇った月が、そのオレンジがかった赤い色をチラチラと水に映して、その揺れる赤が私たちのボートまで届いた時には心が動いた。大きく動いた。

私はジョンの髪の毛を少しもらって、私の髪も少しだけ切って細い束にして、それを結び合わせて海の中に投げた。そこに永遠にあれと願いながら。サンダから流れ出たに決まっているけれど、ヘブリディーズのどこかにいてくれるかもしれない。去年の夏の満月に近い夜のことであった。だからサンダ島は私にとって特別の場所なのである。それなのに今年は大変なことが起こってしまった。まさにこの海で。

二〇〇三年五月三十一日に、この湾の入り江とも言えない入り江の上方に、かなり大きな農家が昔からあったのだが、この家が次々と持ち主を替えて、今の主人の手に渡り、ここを大改造してパブにして開店した。それでこのような人里離れた小島のパブに人々がセイリング・ボートやモーター・ボートで来るようになったのである。

夕食を終えて、私たちはディンギー（ゴム製の小型ボート）に空気を入れて膨らませ、水に降ろして、モーターを付けずに今日は櫂で漕ぐことにした。ディンギーからセイリング・ボートに乗り移る時は、またその逆の時も緊張してしまう。なんといっても、何年か前に片足をディンギーに乗せたものの、バランスを崩してブネッセンで海の真中に落ちパニックに陥ったことがあるのだから。今度はうまく乗り移り、ジョンがすいすいと櫂で漕ぎ始めた。八時半ぐらいになっていたと思う。日は沈み、薄い夕闇が落ち始めていた。右手に出張った大岩を見、薄闇の水の中を進んでいきながら、ふとテニスンの『ザ・レイディ・オブ・シャロット』みたいと私が言うなり、ジョンは詩の一節を浪々と歌い始めた。

川の両側に
大麦、ライ麦の長い畑があり、
地を覆い、空と交わる。
その畑を道が縫い、
多塔のキャメロットへと到る。

人々は行き交い、
下方のシャロットの島の
周りに咲く百合を見つめる。

柳は白くなり、アスペンは震え、
キャメロットへと流れる川の島沿いを
絶えずなす波の中で、そよ吹く風は薄暗くなり、
身震いする。
四面の灰色の壁、四つの灰色の塔が花ある方を見下ろし、
この静寂の島は、レイディ・オブ・シャロットを
木々の葉で取り囲む。

詩が終わらないうちにディンギーは突き出た船着場に着き、私は這いながらディンギーから降り、ジョンはロープを鉄の輪っかに繋いだ。レイディ・オブ・シャロットのイメージを描いて、夢見たのがきっと間違いだったのだろう。詩もさることながら、ラファエル前派の影響を強く受けたウォーターハウスが描いた「ザ・レイディ・オブ・シャロット」の絵（私はもう十

数年も前に、ロンドンのテイト・ギャラリィでこの絵に見入ってしまったので、今でも薄暗い川を黒いゴンドラのような船に乗って滑っていくレイディ・オブ・シャロットが目に焼き付いているのだが)、この絵と私たちのこの薄暗い水のしばしの舟漕ぎとを重ね合わせて、私はただうっとりとしてしまっていた。

船着場の上の方に、「バイロン・ダーントン」という居酒屋の看板が立っていて、中に入ると四半球の赤塗りの棚には数種のモルト・ウィスキィをはじめ種々の酒瓶が並んでいた。カウンターには七、八人が座っており、軽い食事をテーブルの方でとっている人々もいて賑わっていた。

これがサンダの廃屋に近かった元農家なのかと目を瞠《みは》った。主人のディックは人なつこくて、この島の主になったのをずいぶんご自慢にしていた。この島を買い取ってから起こった様々な逸話を夢中になって話してくれた。プリンセス・アンもいらしたということで、訪問者名簿には大きくただアンとだけ書いていた。艦隊司令官に最近昇格された再婚相手の夫君コモドール・ローレンスの自家用のボートでいらしたということであった。静かで、孤立したサンダ島に人々が押し寄せ始めているのだ。この日もアイルランドから来た人がかなりいた。

私がディックに「バイロン・ダーントンとは興味をそそる名前ですね。由来はなんなのですか」と尋ねると、長々と説明が始まった。

一九四三年に建造された鋼鉄の船「バイロン・ダーントン」が、第二次大戦で活躍した後、終戦になって、一九四六年にコペンハーゲンを発ち、クライド海沿いのグリーノック経由でニューヨークに向かう途中であった。キンタイア水道を巡航していた際、南東の強風に遭い、視界も悪くてサンダ島の南の砂洲に座礁し、ついには大破してしまったということらしい。ただ五十四人の乗組員全員が、キャンベルタウンの救命ボートで無事救助されたということらしい。それで海に消えていった船を記念してこのパブに「バイロン・ダーントン」と名づけたのだと意気揚々として話してくれた。

今夜はなにか新しい経験をして、大きく変身したサンダ島に心を奪われてしまっていた。パブを出た時には外は闇に包まれてなにも見えなかった。もう人々も皆去ってしまっていて、ジョンと私二人だけになっていた。

ディックが「暗いけれど大丈夫ですか」とサーチ・ライトを照らしてくれて心配そうだった。でもジョンは、「目は自然に闇に慣れてくるものです。気をつけてそろそろ行きますからご心配なく」と言った。ベンという名の白黒ぶちの犬が私たちを見送ってくれ、無事に闇の中をどうにかディンギーに乗り込むのを見届けてくれ、それでも心配と思ったのか、水の中に入って来てディンギーがすいすいと突堤を離れていくのに付いてくるのだった。

この夜はこれで無事だったのだが、翌日またここに全く予定とは違って、舞い戻って来ることになってしまったのである。「ザ・レイディ・オブ・シャロット」の魔術なのか、難破した「バイロン・ダーントン」の亡霊のせいなのか、もしくは私たちのボートに手を入れたエンジニアのせいなのかは分からない。もしくはこの三つが混合したせいなのかもしれない。

翌朝、八月二十四日、日曜日、またも良い天候に恵まれ、海も比較的穏やかで、いそいそと船を目的地のアイラ島に向けた。目の前に見えるキンタイア半島の前を水煙が舞上っては、風と共に去って行く。こちらにも、あちらにも、どこにも海から針先ほどの水蒸気が立ち昇ってはすぐにも崩れてしまうのに、一瞬だけ形を成して、流れては、また立ち昇ってくる。この形を成しては崩れていく、霧のような雲のような色をなんと表現したらいいのかしらと独り言を言うと、ジョンが横から「象の息の色だよ」と言う。

キンタイア島のふもとは白い水煙に巻かれている。行く手遠方にも海から立ち昇る水煙が幕を引き、その幕と上方の雲との間には、太陽に照らされて、光が淡い黄色の帯をたなびかせている。この三つの層が滲んで、燃え立つ水の炎のような姿を呈している。遙か遠くの海の上の出来事である。ジョンが「ターナーの絵そっくりだね」と言う。私もそう思った。

物を見る時、一体誰かの目や頭を借りないで、完全に独創的に見ることが可能なのかしらと独り思った。私は物を見る時、いつもどこかで見た絵だったり、読んだ本だったりする記憶の貯蔵庫があって、その扉が開いてターナーが出てきたり、ハーディが出てきたりするのだ。貯蔵庫に納まっている過去の人々が私に貸してくれるイメージを通して見ているのだ。そのイメージの入れ替えや、色や形、アイディアを私の好みに合わせて変えることが、私の「目」や「頭」なのかもしれない。そうこうしているうちに私の「個性」となって定着してくれるのかもしれない。貯蔵庫が大きく、豊かであればあるだけ、私のイメージの組み合わせや、アイディアの消去、そして付加がもっと豊富になっていくと思う。

そのようにして私の実用的活動力は鈍って、ターナーへの思いで夢の世界に入ってしまっていた時、横でジョンが「エンジンがおかしい。これ以上先に進むのは危険を伴うかもしれないので、アイラ島行きは止めにしなければならない。残念だけれど仕方がない。ごめん」と早口で慌てて言った。

去年やはり同じルートでアイラ島に向かった時の情景が今も肌に染み込んで、私の中に納まっている。ちょうどこのキンタイア島を通過し、大西洋の大波に出会い始めて、うねり来る大波が私たちのボートをたたきつけ、壊れて、砕け散っていくのを恐れつつも興味深く見つめ続けていた。

「これからが本当のセイリングだよ」とジョンは、少々怖がっている私に言った。そうするうちに全てが霧なのか雲なのか分からない、ただ半透明の白いものにすっぽり包まれてしまって、視界がほとんど利かなかった。時々太陽が気まぐれにこの白いものに、黄色がかった光を投げかけては、希望を持たせて、またすぐに逃げて行くのであった。海の上で、白い水煙と雲とにすっぽり包まれ続けて、謎めいた不安の中で数時間を過ごしたのも、生まれて初めてのことであった。大海の一滴、大空の一塵となった私たちであった。

今年は、アイラ島への道中どんな海と出会うのかを楽しみにしていたのに、諦めなければならない。もちろん安全をまず第一に優先させなければならない。「いいよ、戻りましょう」と私はきっぱりと言った。ジョンが「キャンベルタウンだとマリーン・エンジニアを探すのも難しくないし、ポントゥーン（浮き橋）もあるのでボートを固定できる。キャンベルタウンへ行くよ」と言った端から、「サンダに戻ろうか、サンダにもう一泊しよう、そうしよう」と考えを変えた。私もどっちとも言えず、「あなたが船長さんですから、船長の指示に従います。どちらにでも決めてください」と答えた。船はサンダに向かった。海は穏やかで、サンダに着いた時はまだ太陽が強く照っていた。四時ぐらいだったと思う。日曜日とあって六隻のボートがすでに停泊して、混み合っていた。小さな湾なのだから。

前夜楽しんだ、小川を船で進んで行く「ザ・レイディ・オブ・シャロット」の雰囲気も、今日はなにか全く異なるもので壊されてしまった気がした。私たちの後手に停泊した若い人たちのボートからは、湾一帯を潰してしまうほど大きな音でポップ・ソングが流れてきていた。大好きな、楽しいはずの音楽も場合によっては騒音となることもある。海でこのような騒音に悩まされることは珍しいことである。静寂を求めて、海から立ち昇る蒸気を胸の底まで吸うために、大気と一つになるために、少なくとも私は、海に来ているというのに。

今夜はジョンがディナーを作ってくれるという。ゆっくりと寛いで待つようにと言う。三コースのディナーらしい。全て缶詰で、開けて温めるだけの、やっと口に入れることができる、かなりひどいディナーなのだったが、「意外と食べられなくもないね」と心にもないことを言ってしまった。アスパラガス・スープ、チキンのクリーム煮、そしてケーキ。ワインで流し込んでやっと食べ終わった。

また昨夜と同じようにディンギーに乗り込んだ。まだ音高い騒音が流されていて、雰囲気が壊されてしまった。なにか不愉快な落ち着かない夕暮れで始まったサンダの第二夜である。今日は、赤々と燃えて昇る月に心を打たれた去年のサンダとも、ましてやテニスンの詩に酔った夕べのサンダとも全く違うと直感し、少々気落ちしていたのである。

祭日とあって人々でごった返していたパブに入るなり、ご主人のディックが「あら、三日後に帰って来るとおっしゃったのに、どうしたことですか」とちょっと驚いた様子であった。「エンジンがおかしいのですよ。明日の朝早くキャンベルタウンに向かう予定です。エンジニアを捜さなければならないからです」とジョンが言うと、「ジョン・カーマイケルという信頼のおけるエンジニアがいますよ」。名前と住所と電話番号を書いてくれて、そこへ行くように勧めてくれた。

アイルランドから来た人たちがパブの半分くらいを占めている様子である。キンタイア半島からも大型のモーター・ボートで大人数が繰り出していて信じられない賑わいだった。

昨夜、初対面のディックと会話が途切れず流れて楽しい時が過ぎたのに、今日はアイルランドからという几帳面な感じのカップルとジョンが会話をし始めたけれど、なにか温かさがない。また次の男性が話しかけてきたけれど、これも会話が続かず、逃げるようにカウンターから離れていった。騒がしいご一行様もなだれ込んできた。なにもかもが不協和音をガタガタと立て続けた。

風がだんだん強くなってきているのが感じられた。昨夜の闇を恐れたため、今夜は少し早めに出るようにジョンを急き立てた。ジョンも納得して、九時過ぎにはディンギーに乗り込み、それこそ二、三分で私たちのボートに着いた。でも、今夜はジョンがディンギーからボートに乗り移るのに少しもがいた。波が急に高くなり、風も突然強まり、ディンギーがボートからすぐに離されてしまうのであった。一時は、ディンギーからジョンが海に落ちるのではないかと思ってしまう瞬間があった。やっとボートに落ち着いたと思う間もなく、波が唸り声を上げ始めた。早めに戻って良かったと言い合って、甲板の腰掛に二人で座って星座を眺めた。あれがアルテア、あれがヴィーガ、あれがデネブ、ペガサスはあそことジョンが指差していくのを目で追っていた。暗い空だから星がピカピカ光っていた。ボートは揺れていて、まるで揺りかごに乗って星を見つめている心地良ささえあった。ワインもビールもたっぷり飲んでいて余計に気が抜けて、ほとんど空だけに力を向けているのを楽しんでいた。

すると、向こうのボートからサーチ・ライトが私たちのボートに向けられている。反対側のボートからも私たちの方にサーチ・ライトが当てられているのに気づいて、何事だろうとちょっと不思議がっていたけれど、海を隔ててのことで、会話ができるわけでもなく、真暗闇の中では相手の表情が摑めるわけでもない。何度か繰り返されていた。何人かの男性がボートから両手を振って大声で「ハロー」と言った。パーティでもしているのかしらと思っただけだった。

しばらく、それでもまだうっとりして星を眺めていた時、急にジョンが「突堤に、そしてあの大岩に近づき過ぎてはいない」と聞いたけれど、暗くて距離がとれない。今度は私たちのサーチ・ライトを、突堤とその横の岩の方に当ててみると、もう三メートルほどしかないくらい近づいてしまっているのにやっと気がついた。大慌てでジョンが錨を揚げに船首に走って行った。それからエンジンをかけようとするけれど、うまくかからない。ジョンが「エンジンが効かない」と危険を感じて少々焦り気味に言った。ナヴィゲイターを見たら、〇・六尋になったり〇・七尋（一尋は一・八メートル）になっている。大波に流されて、私たちのボートは大岩ともう二メートルぐらいしか距離がなく、私はこのボートは岩にぶつかって大破してしまうだろうとほとんど諦めかけた瞬間もあった。救命胴衣を着ける余裕もない。ジョンが必死にエンジンをいじっているうちにやっと動き始め、できるだけ岩から離れるように水の深みに向かってボートを走らせた。こんな浅瀬まで流されて、船のキールが損傷しない方がおかしい。ちなみにキールの深さは一・四メートルである。

今度は、錨を揚げてやっと船が走り始めたのはいいのだけれども、錨を下ろす場所が限られている。すでに六隻のボートが小さな湾に停泊している。やっと見つけて錨を下ろし始めたのはいいのだけれど、大波のためボートがふらつき、一番近くのボートと衝突寸前であった。舳先で錨を下ろそうとしていたジョンが必死に相手のボートを押し離そうとする。幸いに相手のボートは、フェンダーをいくつも下げたままにしていたので、衝突したとしても衝撃はなかったであろう。でも、舵を取っていた私の心臓は止まりそうだった。闇のサンダ湾の静寂の中で、私のパニックに陥った必死の叫び声が響き渡ったと思う。私はそのようなことを考える余裕もなく、相手のボートの主に「ごめんなさい」と謝るだけで、あとは衝突を防ごうとするのに必死だった。時々ボートの舳先にいるジョンが、黒い海に落ちてしまったのではないかと心配で、「ジョン、そこで大丈夫なの」と、ボートの舵のある甲板にいて舳先の様子が分からない私は叫んだ。

なんとかやっとのことで危機を乗り越えて、少し前にサーチ・ライトを照らしてくれていたボートのすぐ近くに錨を下ろすことができた。私は喉がからからであった。ジョンがやっと甲板に来て、一番に水が欲しいと言った。オレンジ・ジュースを大きなグラスになみなみと注ぐと、瞬く間に飲み干した。私もやっと喉を潤すことができた。波はまだ高く、ボートは大揺れに揺れ、なにか様々なものがボートをたたいている騒音は続いていた。ほっとすると共に私は吐き始め、その上錨がよく下りてなくて、またずるずると波に引きずられて岩の方に向かうのが心配で、ベッドに入れなかった。一時間ほど様子を見守って、ジョンが「もう大丈夫、錨はしっかりと下りているから、休みなさい。僕はもう少しだけ様子を見てから寝ることにするから」と言う。もうくたくたになってしまっていた私は、ぐるぐると錨を中心に旋回し、揺れるボートの寝袋に入って寝た。私の体の下からも横からも、水がぱちゃぱちゃとボートを叩いた。

このようにぐるぐる回るボートの中に横たわりながら、赤ん坊の時、母親の子宮の中でもこんなふうに、水に浮いていたのかしらと思いながら寝入ってしまった。

朝、波は夕べよりも穏やかになってはいるものの、まだ少し荒れていてボートも揺れている。周りのボートが一隻、また一隻とこの湾を去って、私たちのボートだけが残された。陸であったら、ボート一隻一隻に「夕べの騒動でずいぶんご迷惑をおかけして本当に申し訳ありませんでした」とお詫びを言いたいところなのにと思ったけれど、ジョンも私も疲れ果て、エネルギーもほとんど燃え尽きていたし、海の上ではどうしようもない。心の中で「すみませんでした」といい続けていた。

朝起きてからも、ずっと吐き続けて苦しかった。胃液だけしか残っていないその苦い液が咳き上げてくる。「もう二度とセイリングはしません。もうしばらくは海も見たくありません。早く家に帰りたい」と言ってしまった。ジョンは「分かった、分かった。苦しい思いをさせてすまなかった。キャンベルタウンに向かうには潮の流れが逆で、午後三時まで待てば潮は私たちの航路に順じるので、ここでもう少し待つことにしよう」と言う。でも、私はとにかくサンダを出たかった。逆潮と分かっていながらも、ここを出て、ゆっくりとキャンベルタウンに向かうことにした。

エンジンだけで進むのだけれども、左手のキンタイア半島の風景が動かない。一時間走ってもほとんど景色が変わらず、三軒の農家と私が見定めたボートの位置が、少しずれてはまた同一点になり、ボートは進んでいない気がした。そうこうしているうちに、潮流が変わり、ボートがすいすいと動き出し、気分もだんだん良くなり始めて、一心にキャンベルタウンを目指した。

セイリング・ボートはかなり揺れているのに酔うこともなく、むしろ心地良く感じ始めてさえいるのはどうしたことなのだろう。朝まであのように気分が悪かったのに。そうだ、私は今、身を自由に波に任せきっているのだ。安心して身を委ね、波が主導権を握るままにさせているのだ。波に乗っていることを受け入れているのだ。波と逆らっている時、波を敵と思っている時には、波は鉛色に重々しく見え、水というよりもどろどろと溶ける金属のように見えてくる。このような時は船酔いしてしまう。

四時間ほど走ってやっと目的地に着いた。ロープを持ってボートから私が先にポントゥーンに降り立った時の安堵感と嬉しさはこの上もなかった。「ニーナ」という名のボートの船主が手伝ってくれて、奥様もボートから出てきて、「今日は」とご挨拶してくれた。「まずはカップ・オブ・ティをお飲みになって、ゆっくりと船旅の疲れをお取りくださいね」と美しい微笑をたたえて言ってくれるのであった。少し身繕いをしてから、ジョンと私はいそいそと陸を歩き、なにはともあれ冷たいミネラル・ウォーターが欲しかった。この水を口にした時の幸福感、まさに神様の飲み物、ネクターそのものであった。陸のレストランに行き、ジョンは魚を、私は恐る恐る茹でた小エビのカクテル・ソース添えを食べて、心もゆっくりと恐怖感から解放されていくのであった。

翌朝もよく晴れていた。私たちのボートの前に停泊していたボートは「タカプーナ」という名だが、ジョンは出帆するその船の手助けをしている。「タカプーナ」の持ち主はよれよれのズボンと砂色のセーターの中から目をキラキラと輝かせ、「手伝ってくださってどうもありがとう。良いセイリングの旅を楽しんでくださいよ」と歯切れのいい、美しい英語で言った。その後から彼の個性が滲み出てきて、私は素敵な人だなと思った。着飾らない時にこそ、人の精神の力、真の魅力が鮮明に浮き上がるのだと思った。「タカプーナ」というのはマウリ語で人が集まる所という意味だよと、なんでも知っている、なんにでも興味を持つ夫は言った。

まずは「バイロン・ダーントン」の主人に教えてもらったキャンベルタウンのエンジニアに連絡を取った。スコットランドの北の島、オークニィ諸島出身の清々しい、真面目な若いエンジニアが、すぐ近くに停泊しているセイリング・ボートに手を入れていた。彼が、紹介してもらったカーマイケル氏の所で働いているエンジニアなのだった。すぐにも、私たちのボートを見てくれて、エンジンを見るなり問題を突き止めてくれた。

「これはパイプがちゃんとした位置に戻されていないため、硬いベルトでこすって、パイプに穴が開き、そこから海水がエンジンの中に入ってきているのですよ。パイプを新しいのと取り替えて、正常な位置に戻してあげさえすれば大丈夫ですよ。ご心配なく」と問題を的確に指摘してくれた。

なんと効率よく仕事をしてくれることかしらと、感心してしまった。十五分もすると真新しいパイプを持って来て、てきぱきと自信のある手つきで仕事を始めてくれた。「ボートを走らせながら、ポンプで水をどんどん汲み上げなければならないほど、水が入ってきたのですよ」とジョンが説明した。少し前に腕の悪いエンジニアがエンジンに手を入れて、色々と不必要な小道具を付けた。そして肝心なところでは失敗し、不具合をもたらして、その結果がこの通りであった。

もう一つ問題があった。サンダ島からキャンベルタウンに向かう時、いくら逆潮といえ、ボートの速度が極端に遅かった。ジョンは、どうもプロペラにロープが巻き込まれていると疑っていた。その旨を話すと、この清々しい若いエンジニアの雇い主が、「ダイヴァーを呼んであげますから」と言ってくれた。

二十分もすると、すでに女性のダイヴァーがフリッパー、シュノーケルなどを用意して現れた。全てが短時間のうちに、着々と解決されていく。そのスピードと順調さに息を呑んだ。四十代らしいふっくらとしてはいるが小柄の薬剤師が、ダイヴァーである。船着場の管理をしている感じのいいデイヴィットが、すでにダイヴィング・スーツを着衣していた女性に、ゴム手袋をはめる手助けをし、水の中にいざ入るまで色々と気遣っていた。若いエンジニアのジョンも見守っていた。いよいよ全ての装具を着け終わって海の中に入り、私たちのボートの底の先端部分にあるプロペラに食い込んでいるわずか二〇センチあまりのロープを難なく取ってくれて、水から上がった時には二、三分しかたっていなかったと思う。このロープが進水の邪魔をしていたのである。皆でこの女性ダイヴァーを褒め称えて、特に私たちは感謝に感謝を重ねて、車まで見送った。

「本当に、本当にありがとうございました。ここの水はきれいではないので、どうかよくうがいをなさって、すぐシャワーを浴びてくださいね」と私が言ったことを、ジョンに後で話すと、薬剤師で衛生面のことは誰よりも詳しい専門家に向かって、そんなことを言ったのと苦笑いした。

さて、「おいくらお払いいたしましょうか」と私が尋ねると、ダイヴァーは「私はこれを趣味でしておりますの。どなたにもお金は請求いたしません」と言った。私が「それでは困ります。こんなに手助けしていただいたのに、どうしましょう」と困ってしまった様子をすると、「じゃ、お気持ちだけ寄付してくださったらいいわ」と静かに言った。

「四〇ポンドでいいのでしょうか」と聞くと、ダイヴァーは「十分です。たくさん過ぎます。それでは一部をダイヴィング協会に寄付させていただきますね。どうもありがとう」と答えてくれた。私はありがたくて、感謝の手を差し出して、その上頬に感謝と友情のキスをせずにはおれなかった。

海の上で次々に困ったことが起こったのに、キャンベルタウンに着いて、瞬く間に、人々の好意で一つひとつが着実に解決されていった。なにか心の中がふわりと温かくなるのを感じた。

ここでは、心のいい人たちが次々に現れて、見事な技術と良心で私たちの問題を的確に解決してくれたのである。

若いエンジニアのジョンは、仕事で手も黒くなり、顔にも黒いものが付いて、作業着も汚れているけれど、美しい目をして、自分のしていることに誇りを持つことで生まれた静かな自信が、人格となって良い雰囲気を醸し出していた。

食欲も出てきた私は、「お昼ご飯を食べに行きましょう。あの大きな平目の天ぷらが食べたい」と言いながら、二人の足はホワイト・ホテルのレストランに向かっていた。昼食後、町を歩きながら古本屋へ立ち寄った。テニスンの全詩集があるではないか。一八八〇年、キーガン・ポール社の出版で、装丁もラファエル前派のバーン・ジョーンズが絵の背景として描く植物に似て、長く美しくくねった茎にベル型の金の小花がいっぱいに付いているものだ。本の上、下、横のページ全てが金で塗られている。前の持ち主の名が見返しの黒い紙に鉛筆で、ジェイムズ・リードと書いてあり、扉にまた次の持ち主の名が青インクのペンでM・M・マッカラム、サコスと書き込まれていた。サコスが、ユダヤ人の祖先が荒野を放浪した記念の秋祭りの日という意味なのか、場所の名前なのか分からない。実際、スコットランドのアーガイル州にサコスという名の小さな村がある。私はボートに戻ってすぐにその下に「二〇〇三年八月二十五日、キャンベルタウンにて、ジェイムズ 治美」と書き込んだ。

夕方ボートに戻って『ザ・レイディ・オブ・シャロット』を繰り返し読んで楽しんだ。

「もうセイリングなど二度としない」と放言したのを撤回しなければならない。私はこのセイリングの十日間、一瞬一瞬をこんなに喜んで噛みしめているではないか。次々に面白いことが起こっていくのに、わくわくしているではないか。心の中が変化し続けながら、様々な形と色を見せてくれる大空と大海の景色でいっぱいに詰まっていき、心のいい人たちの顔や仕草も目に焼きついて、テニスンもターナーもバーン・ジョーンズも次々に現れてきては、美しい言葉や映像を与えてくれている。私は興奮気味にさえなっているではないか。このような経験をさせてくれるジョンに感謝をしなければならない。

キンタイア島を船からばかり見てきたので、今度は陸のキンタイア島をぜひ見たいと思い始め、乗り合いバスに乗ってみようという私の誘いに、ジョンは気持ちよく乗ってくれた。バス・ターミナルと言ってもシェルターが二つあるだけで、そこから南の方へ行くことに決めた。午後二時発、サウスエンド行きのバスに乗り、二十分のバス旅を楽しんだ。海風に荒らされた野は、姿ももっと険しく、色彩さえも枯れ落ち、失われていると予想していたのに、目の前に広がっていく優しい緑の野の風景は、まるでイングランド南部のデヴォンシャーの豊かさに見まがうほどだった。

バスの運転手が親切で、目的地に着く五分前に私たち二人を運転席の横まで呼んでくれて、観光案内人の役を務めてくれたのである。私たちはなにがあるのか全く知らずに、ただ風景を楽しむために乗り合いバスに乗っただけなのに、聖コロンバがスコットランドに上陸した際、その第一歩を踏んだ記念の場所があるという。もし興味があれば行ってみたらいいと勧めてくれた。途中にティー・ハウスがあって、「ここのクリーム・ティーは美味しいからお勧めですよ。帰りはこの辺りのどこでもいいですから、四時十五分に立っていてください。私がまた運転しますから」と言った。

丘の上に立つと、目の前に青い青い海が広がっていて、そちらに吸い寄せられそうだったけれども、まずは聖コロンバ上陸の跡を見たかった。いそいそとそちらへ足を向けると、案内板が立っていた。

ここはキルカムキルの古い礼拝堂で、現在の建築物は十三世紀にまで溯る。これは、聖コロンバがアイオナに向かう途中、スコットランドで最初に足を踏み入れた所で、アイオナには五六三年に定住し始めた。……

十三世紀の石造りの礼拝堂は、「時」に破壊され、土台と壁が一部残っているだけで、墓石も草の中に埋まっていた。

そこから海に目を向けると、例のサンダ島と左手向こうにエイルサ・クレイグの小さな三角形が薄い色になって見えた。海の只中からではなくて、少し距離を置いてみると、なんとのどかで、何事もなく平穏に見えることか。手前の海岸線に砂浜があって、様々な形の石が転がっている。砂の中に入って行って石を次から次に手に取ってみた。何億年もの時を経た石が波や風に晒されて丸く、つるつるとした表面になっている。ここには煉瓦色や茶色っぽい色の石が多い。そして砂浜全体に転がっている自然の石の彩りの見事なことに目を奪われた。色の調和が完全なのである。「自然の芸術」と呟いてみたら、矛盾するはずの「自然」と「芸術」という語が、まさにその通りの流れで一つに融合し合っている。人間は「自然」を真似て芸術を仕上げていく。「自然」が「芸術」をまねることがあるとしたら、それは人間の心理の中での出来事なので、そこでの「自然」は人間の心の反映以外のなにものでもないと、独り心の中で議論していた。

石を拾ったり、捨てたりしながら、最後に二つだけ選んで、両手に抱えてみた。ベージュ色に煉瓦色の模様が入った美しい自然の芸術。私は十億年の時を両手に抱えた感動を覚えて、ぞくぞくした。

砂浜をじっくり楽しんでから、運転手お勧めの「ティー・ルーム」の方へ歩き始めた。左手の巨大な農地の敷地の中に、大きなアーチと壁の一部が残った石の遺跡に目を凝らしながら歩き続けた。

途中海岸線の草地に、鮮やかな紫色の花を見つけると、ジョンが「ミクルマス・デイジーだよ」と教えてくれた。これが例のミクルマス・デイジーなのかと嬉しくなって、何輪か摘ませてもらって、地図の間に形を崩さないように注意してはさんで押し花にした。それというのも、エリザベス・ギャスケルの中編小説に『カズン・フィリス』というのがあって、その主人公フィリスが叶わぬ恋の相手、ホールズワスに差し出した小さな花束が、ミクルマス・デイジーの花束であった。日本のシオンとよく似ている。石とデイジーの押し花を両手に持って「ティー・ルーム」へ入った。

きれいな三十代の女性が出てくると、この方がこの部屋を飾ったのだなとすぐ察しがついた。高い天井の喫茶室には、かなりの量の骨董のコレクションがある。ティー・ポット、花瓶、皿などそれぞれのコレクションが、種類別にひとまとまりにして飾られていた。お茶の用意ができるまで、そのコレクションを見ながら待った。

「ティー・ルーム」を出た所で、帰りのバスを待つことにした。前の野原には、ゆったりと茶の牛と黒の牛が草を食んでいる。一頭の茶の牛がなにかを見つけたのか急ぎ足で野の隅にやって来て、大急ぎで食べている。すると他の牛が十頭ぐらい負けまいとそこにやって来て、我先に巨体で押し合いへし合いしている。コンペティションなのだ。生きるために競っていく。人間も動物も同じレヴェルで生きていることがたくさんある。人間もいつも「競争」している。チンパンジーのDNAは人間のそれと九八パーセント同じだそうで、バナナだって五〇パーセントは人間のDNAと同じだとどこかで聞いたことがある。だって元々は皆星屑から生まれてきて進化したのだから、そんなに違わないのだろう。そしてまた、皆星屑に戻って悠久の宇宙を塵として彷徨するのだろう。そう思うと、存在する全てをいとおしく思わないではいられない。

乗り合いバス・ツアーを終え、運転手に心からの感謝を表してバスから降りた。まだ夕方五時前で、陽が明るく照っている。再度キャンベルタウンの町を歩いた。またも同じ古本屋に戻ってきた。今度はもっとていねいに本を見てみた。すると一番上段の棚に全五巻のラスキン著『モダン・ペインターズ』が座しているのに気がついた。恐る恐る手に取ってみると、一八八八年、ジョージ・アランが出版したものであった。ワイン色の布製の装丁で、外部はかなり傷んではいるが、中はしっかりとして大丈夫である。私は船上でターナーにしきりに思いを馳せていたし、ジョン・ラスキンはターナー弁護を大きな目的としてこの『モダン・ペインターズ』を書いたのであった。

一九八三年、私がロンドンのテイト・ギャラリィで初めてターナーを見た時の感動は、今でもはっきりと覚えている。今はテイト・ギャラリィにできた別館に全てターナーの作品を集めて展示をしているが、当時は十九世紀の画家のコーナーで主にターナーとコンスタブルの絵を長い部屋の両側に展示していた。ターナーの「時」と共に変化していく自然、特に水蒸気が海の上を立ち昇る絵を次々に見た時、感動して身震いしたのを覚えている。水蒸気が肌に感じられ、ターナーの靄の中に吸い込まれていくような錯覚を経験した。それ以来、私はターナーに夢中になり続けている。

最初の出会いは、大学二年生の時、専門科目の授業で研究者が出した朱表紙の『モダン・ペインターズ』の精選版を読まされて、何ページにもわたって空の水への反映を描いているのに驚いた。あのように物事を精密に観察できることに唖然とした。観察し、物事を見究めるリアリズムは、十九世紀のヨーロッパで成熟したものである。何十年も前に私の中に蒔かれた種が、心のどこかに苗床を作り、密かに芽を出し、成長するのを息を殺して待ち望んでいたのかもしれない。

欲しくてたまらないけれど、今月の私の銀行口座の収支が良くないので、こんな贅沢はできない。でも欲しそうに、いとおしげに手に取って見続けていると、ジョンが横から「それが欲しいの、本当に読むの」と聞く。

「もちろん読みます。私はターナーに夢中になっているのですから」と言った。ジョンは「サンダで大変な目に遭わせたお詫びに、僕がプレゼントしてあげるよ」と言ってくれた。船の中で湿ってはいけないので、古本屋のご主人は念を入れて一巻一巻ビニールで包んで箱に入れてくれた。

セイリング・ボートに戻るなり、箱を開けて一巻また一巻と手に取ってみた。ただわくわくしてしまった。第一巻の表表紙の裏に、「フランシス・J・アラン、一九二〇年六月十五日」と記されている。私はその下の方に、「二〇〇三年八月二十六日、キャンベルタウンにて、ジェイムズ 治美」と記した。これからしっかり読んで、研究していかなくてはジョンにも申し訳ないと自分に言い聞かせた。

今日はジョンが急用で、家に戻ることになった。家で一泊し、翌日またキャンベルタウンに戻って来ることになっていた。再び私は乗り合いバスの旅をすることに決めた。一昨日あの親切なバスの運転手が、バスを降りる前に、もし時間があったらカラデイルにぜひ行ってみるように勧めてくれた。そうだ、カラデイルに行ってみよう。

キャンベルタウンを出て今度は、北にバスは走っていく。右側にはキルブラナン水道、その向こうにアラン島が薄くかすんで見える。かなり高い丘に造られた道を走っていくので、景色は最高である。晴天のため空は青々として雲は真っ白だった。海も青かった。そのうちに三角形のエイルサ・クレイグが海にぽっかり浮いているのが見えてきた。

何と汚されていない、純粋な自然がスコットランドには残っているのだろう。私の目の前に、スコットランドがその厳然として美しい自然を見せ始めた。イングランドの整然とした、作られた自然の美とは全く異なるのである。厳かなのに、人を撥ね退けることがない。左手の岩山には、ヒースが岩に這いつくばうようにして咲いている。海風にいじめられるのであろう。丘に咲くヒースのように伸びていない。そのヒースが岩の一面を赤紫色に染めている、鮮やかに彩られた景色に目を奪われているうちに、終点に着いた。

ここで昼食をとったり歩いたりして二時間ぐらい過ごして、帰りのバスに乗る予定だったが、なにもない漁村だと分かったので、計画を頭の中で大急ぎで切り替え、このまま同じバスでキャンベルタウンに戻ることにした。帰りも同じ景色が一時間眺められるとは、なんと幸運なことだろう。心が満ち満ちてくる。

「スコットランドはすごい、崇高な美が至る所に散りばめられている。移り住んで三年目にしてやっと、スコットランドがその美の扉を少しずつ開き始めてくれた」と独り言を言った。

このように美しい晩夏の午後をどう過ごそうかと考え始めていた。そうしたら、降りたバスの先に一昨日訪れたサウスエンド行きのバスが待っていて、乗客も七、八人並んでいた。その中の一人が私に声をかけてきた。「こんな小さな町でアジア人に会うのは珍しいわ。どこからいらしたの。どこへ行くの……」と優しい声が問い続ける。思わず、「サウスエンドを再訪します。素晴らしい所ですから。何度も繰り返し行きたくなる所です」と言いながら、同じバスに乗った。

あの「ティー・ルーム」の前で降ろしてもらって、軽い昼食をとった。勘定の時、カウンターにいた若いご主人が覚えていてくれて、ちょっとおしゃべりした。いそいそと青い風に包まれながら、海を見ながら歩くのは心地良い。一昨日失敬したミクルマス・デイジーもまだいっぱい咲いていた。バスの運転手が終点まで行ってキャンベルタウンに戻っていくところだと思うが、道の真ん中でわざわざバスを止めて、「聖コロンバの礼拝堂への道が分かりますか。左の方へ海沿いに進んで行くといいですよ」と教えてくれた。分かっていたけれど、彼の親切が嬉しかった。一昨日同じ所を歩いて、同じ景色を見たのだけれど、私の中にもっとじっくりと風景が沈んでいくのを確かめた。

帰りのバスを待っていると、大型だけれどかなりがたが来ている古い車から、子供が三、四人飛び出してきて砂浜の方に走って行った。その後をほっそりとして背の高い母親らしき女性が、大きな籐の籠いっぱいにピクニック用の敷物やら何やらを詰めて運んでいた。母親が敷物を砂の上に敷いている間、子供たちははしゃいで波を追いかけては急いで砂浜に戻り、母親の元に戻って来たかと思うと、また波を追いかけるのだった。晩夏の午後の太陽が海をきらきらと光らせ、柳のような姿の母親と子供たちが黒いシルエットとなっていた。

キャンベルタウンに浮くセイリング・ボートの中で、独り目覚めた。太陽に急き立てられて身繕いをし、朝ご飯を食べて町を歩いてみた。町が漲る朝の力をいっぱいに湛えて、なにもかもがくるくると動き回っている気がした。シングル・モルト・ウィスキィを専門にしている酒屋の前では、キャンベルタウンのモルト・ウィスキィ、「スプリングバンク」の蒸留所からのものだと思うのだが、樽をころころと転がして酒屋に納めているし、魚屋では、ガラスのケースの向こう側に獲りたてらしい魚が整然と並べられている。足が自然に魚屋に入っていった。スコットランドにロンギスティンという硬い殻に入った一五センチほどの長さの海老があるのだが、頭を取って「テイル」として売っている。私は一パウンド（約四五〇グラム）を求めた。人々も日中よりも足早に歩き、卸屋はそれぞれの店にあれこれと納めているので、大型のトラックも止まっているし、配達人も走るようにして動き回っている。キャンベルタウンの朝が回転していると鼻歌交じりで独り言を言いながら、ボートに戻った。

ランチに私はこのロンギスティンのテイルをフライパンでヴァージン・オリーヴ・オイルをかけて焼いて、ジョンがいないのをいいことに、ラガヴーリンを思い切りかけたら、炎がものすごい勢いで七、八〇センチ舞い上がって、胸がどきどきしてしまった。でも本能的にフライパンを足元近くまで下ろしたら、火は収まったのでほっとした。それに蜂蜜、醬油という例の「ボウモア・ソース」をかけて食べた。最高の味であった。

夕方はジョンが帰ることになっていたので、ボートの掃除に専念して、ピカピカに磨き上げた。

いよいよ翌日はキャンベルタウンを去ることになった。夕食の後散歩をし、桟橋の方へ足を向けた。堂々とした戦艦を飾る明るい電気に誘われたのである。六隻の戦艦が停泊している。どの船も舳先から船尾までを飾り電球で明るく照らし、現地の若者たちが興味津々として集まっていた。船上ではパーティが行われているらしく、ベルギー船からは海軍軍人たちが手を振った。もしかしたらヨーロッパ連合の国々の艦隊がガルフ湾から戻って来たのかもしれなかった。陽気な笑い声の中でも、船の入り口には軍人が長い銃を構えて警戒をしていて、二つの相反する雰囲気が妙な不調和をなしていた。それでも気を抜いて、浮かれ騒いでいる海軍軍人の声は、ひと時の安堵感を与えるものだった。

翌朝、用意を整えていよいよキャンベルタウンを発った。港にまだ留まっている人たちがボン・ボワヤージの手を振ってくれた。一路トゥルーンへ向かい、そこで一泊して翌日、天候が許せば帰宅するという予定である。桟橋近くに横付けされた六隻の灰色の戦艦が、朝の光の中ではっきり見えた。スコットランドの戦艦、インヴァネスから軍人の何人かが私たちのボートに手を振ってくれた。

トゥルーンへ向けてぐんぐんと進んで行く。今日は風まで味方をしてくれるので、途中エンジンを止めて帆だけでかなり走った。静かな音で、風に乗って水の上をヒュイヒュイと進んでいくのはこの上もない快感である。

アザラシが愛嬌のいい丸い顔と丸い目を見せてくれたのを喜ぶ間もなく、つるりと水に潜って消えてしまった。そのうちにイルカが、波の勢いに負けないくらい力強く背中を水の上で盛り上げては水の中に入っていくのを何回か繰り返しながら、これも消えてしまった。向こうの方でガネット（カツオドリ科の海鳥）が純白の身を三角形の矢尻よろしく、水中めがけて上空で狙った魚を獲ろうと真逆さまに飛び込んでは、即座に水上に上がってくる。次のガネットが同じことを繰り返す。見事な技である。シアウォーター（ミズナギドリ）が水の上をかすめて通っていく様は、氷上のスケーターのようにも見える。これらの海の動物や鳥たちは、自由そのものでありながら、居るべき所に居て、するべきことをしている安心感に満ち満ちている。生きること、ただそれだけ、そのものなのだ。余分なことは何もしていない。生きること、そのことが、彼らにとってただ喜びそのものであるように見えた。海の生物に目を奪われているうちに、トゥルーンに着いてしまった。キャンベルタウンから六、七時間のセイリングである。

翌朝十時前にトゥルーンを発った。朝の雲を見つめながら、イギリスの前首相、エドワード・ヒースのことをふと思った。彼も熱心なセイラーであったらしいのだが、ついこの前亡くなってしまった。彼の船の名は「モーニング・クラウド」(朝の雲)であった。良い名を付けたものだと思う。雲を見つめていて、ふと目を海に落とすと、P&Oフェリィが水平線の下に落ちていった。まさに地球の向こう側に落ちていったのが実感できるように姿を消した。

セイリング・ボートと海の水が触れ合っては面白い音を立て続けている。心地良い音である。ウシャササササー、ウシャサササササーと。雲の形が美しくて、空の色もうっとりする色と思っていても、すぐに形が変わっていく。太陽の位置も刻々と変化していく。全てが動き続け、変化し続けている。

私が一番好きなのは、ボートの舳先に立つことである。空と海と私の間になに一つ邪魔するものがなく、完全に空と海と私が一つになるからである。本当に空の中に溶けていく気がする。そして一瞬の間だけ、大自然の女神にでもなった錯覚を覚えるのは悪くはない。

しばらくすると右手にアールドロッセンという小さな町が見えてきた。アールドロッセンというのは、ケルト語で「薔薇の庭」という意味らしい。そのアールドロッセンの上空に威嚇するような暗い色の雲がある。今にも雨が降りそうである。思えば十日間一度も雨に遭わなかった。雨の多いスコットランドでは珍しい気がする。ジョンは「地上から温まった空気が上に昇って行くと、地上とは違って海ではその温かい空気を受容する許容量が大きいので、その温かい空気を抱え込んだままにできる。だからなかなか雨にならない。ところが、地上では海ほどの許容量がないので、温かい空気が上空に昇り、冷え、雨になってしまうのだよ」と説明する。

本当に私たちの頭には雨が落ちてこなかった。それどころか、しばらくするとますます青い空と青い海になった。カンブレイ島、次に大カンブレイ島が見えてきて、そのうちに目前にビュート島が見え始めた。先日ポール・マッカートニィの娘がここの島にある友人のお屋敷で結婚式を挙げたと新聞が伝えていた、小さな、小さな島である。どのお屋敷かしらと双眼鏡を取り出して探していると、三つほどお城のような家が見つかったので、きっとあのうちの一つだと想像して楽しんだ。そう言えば、キャンベルタウンのあるあのキンタイア島に、ポール・マッカートニィはお屋敷を持っていると誰かが話していたのを思い出した。

アラン島を左手に見ながら、強い太陽がくれた明るい、澄み切ったあの目の覚めるような鮮やかな青い色を空にも海にも見て、至福という表現がぴったりの思いにしばし浸った。小さく、限りなく小さく、限りなく薄い色になってしまったエイルサ・クレイグがとうとう地平線の向こうに転がり落ちてしまった。もう家路が短くなってきた。

マンチェスター時代のスコットランド経験

トバモーリでの除夜祭、ホグマネイ

新年を祝うパーティがスコットランドで行われる。「ホグマネイ」と言われるものである。私たちはスコットランドのヘブリディーズに浮かぶマル島にあるトバモーリで、ホグマネイを祝うことにした。三十日の夜、オーバンからマル島にフェリィで渡り、その後闇の中を潮騒に導かれて車を走らせ、海の中に落ちてしまうのではないかという恐怖感と、ホテルの明かりを早く見つけたい、早くホテルに着いて暖炉が赤々と燃え、クリスマスの飾り付けで華やいでいる所に身を置きたいという願望とで揺れながら、やっと無事に目的地に着いた。期待通りにホテルでは暖炉が赤々と燃えていたし、クリスマスの飾り付けも心を浮き立たせてくれるのに十分であった。

翌朝、雨の中で目が覚めた。九時半の朝食にやっと間に合うくらいぐっすり眠った。今日はしっかりと歩くつもりで身支度をして出かけてみると、霰が地を叩きつけている。これでは歩けない。ホテルに戻って来て、ガラスの部屋、コンサーヴァトリィからしばらく海を眺めていた。海の色は、空の暗い伸し掛かるような雲の色を映して陰鬱な色になっている。コンサーヴァトリィのガラス屋根を霰が、打楽器が強い調子で音を発するような感じで叩きつけている。

部屋に戻ってゆったりと湯舟に身を伸ばした。今夜のホグマネイに備えて、新年を迎える心構えをして身も心も清めよう。

絞りの朱の着物と赤一輪の花柄の付いた白い帯とを持って来ていた。ジョンは黒のディナー・ジャケットに黒のボウ・タイを結んだ。バーではスコットランドの正装、キルトを着た男の人たちが食前酒を飲んでいた。

八時前にダイニング・ルームに入った。五十人くらいの客がそれぞれのテーブルに着いた。ヴィクトリア朝の建物なので、天井は遙か高い所にある。その天井から金の鈴や、星や月のパターンの織り込まれた布を垂らしている。私のテーブルからは出入り口のドアの向こう側の様子も見えて面白い。緋色の布を背景に蠟燭が燃えている様も目に楽しい。それぞれのダイニング・テーブルにも小さなクリスマス・トゥリーとフェアリィが置いてある。頭を飾るものも置かれていた。ジョンには紙製の銀色の山高帽子、私にはアール・ヌーボー風に黒のヘア・バンドに本物の孔雀の羽を黒に染めて取り付けているものだった。その飾り物を頭に着けると、あちこちのテーブルからおもちゃの笛のピーピーと鳴る音、爆竹を鳴らす音、人々の興奮した声、笑い声が混じり合って、一つの幸せのコーラスとなっていた。

その音の洪水の中に前菜が運ばれた。人々は舌鼓を打ち始め、しゃべり続け、笛を鳴らし続けている。食べ物の香りと幸せの音が溶け合った。前菜は人参のムースにレッド・ビート（いわば赤蕪で、中身も赤い）のソースとグリーン・ペパーのソース添えであった。軽くて、柔ら

マル島のトバモーリ

かくて、絶妙な味がする。長いゴム風船を膨らませて向こうのテーブルへ飛ばす。向こうから風船が飛んで来る。その度に人々ははしゃぐ。お隣のテーブルのご婦人が、私の方に向けて笛を鳴らす。私も同じようにお返しする。風が波を押して行くように、笛の音が幸せの興奮に押されて、あちこちのテーブルで次々に生み出されている。皆着飾っている。黒いドレスのビーズがきらきら光っている。私は、「ああ幸せ」と心の中で呟いた。

トマス・ハーディ(1)の『ダーバヴィル家のテス』の主人公テスが、追われる身でありながら、愛するエンジェルと共にいられることで本当の幸せを見つけて、逮捕されることになるストーン・ヘンジでさえも、テスにとっては「ハッピー・ハウス」であった。短くても心の底から満たされた幸せな瞬間を生きたテスのことが、さっと頭の中に廻ってきた。

ハーディの悲劇的小説『無名のジュード』の中にも、束の間、幸せの絶頂と言ってもいい場面がある。ウェセックス大農業祭で、女主人公スーが、薔薇の花に顔をくっつけ、ジュードの一押しでスーの鼻を薔薇の花びらの中に埋めてしまう場面があるが、それを思い出した。ジュードは「幸せ」と尋ねる。あの花びらに顔を埋めた短い短い一瞬は、本当に心から幸せな一瞬であった。

人生にはこうしたたまらなく幸せな一瞬を吸い込む時がある。いや、人は短い一生しか与えられていないからこそ、このような一瞬をいつも必死になって探しているのではないだろうか。

このホテルで新年を迎えるホグマネイでのディナー・テーブルを前にして、知らない人々がたまたま同じホテルのこのダイニング・ルームを共にして喜び合っている。どの人も皆とても幸せそうである。私もなぜか嬉しくてたまらなくて、心の中で「幸せ、幸せ」と呟いていた。

そう思っていると、次のコースが運ばれて来た。小さな器の中に、七面鳥をローストして賽の目に切ったものを、滑らかなクリーム・ソースに浮かべている。極めて美味である。そしてワインの鑑定士が水で口を漱《すす》ぎながら味を調べるのに似て、水ではないがシャーベットが、黄色いマンゴー・ソースと赤紫色のラズベリィ・ソースとがパレットの上のように、皿の上で色が結び合っている中に浮かべられて出された。いよいよ主菜に、種々の魚のオン・パレード、すなわちモンク・フィッシュ、スカンピ、帆立貝などが野菜と一緒に串に刺されて運ばれた。

ゴム風船が高い天井を行き来して、笛が時々あちこちのテーブルでまだ鳴らされ、爆竹のバンバンという音がしている中で、腕前のいいシェフの傑作に舌鼓を打ちながら、人々の笑顔を見て、こちらの顔も応じて笑み始める。

この音と色彩と香りがごっちゃ混ぜになっている中で、私は再び「今、幸せの真最中なのだ」と自らに言い聞かせていた。デザートが来た。紙のように薄いペイストリィに煮込まれた林檎が包まれ、マンゴー・ソースが添えられていた。

そろそろ一九九七年に幕が降り始めた。時計の針が十二時近くを指し始め、コンサーヴァトリィのバーに皆集まり始めた。ハイランド・ミュージックが軽やかに鳴り始めている。隣の部屋ではハイランド・ダンスが始まった。スコッチ・ウィスキィもどんどん男性の口に運ばれている。十二時になった途端にバグ・パイプの行列が始まって、厳かなスコットランドの音のお祝いとなった。周りにいる人々が、誰彼かまわず「ハピィ　ニュー　イア」と交わし合う。そしてハイランド・ダンス、音楽、おしゃべりが続く。一九九八年が始まった。夫と何度も「ハピィ　ニュー　イア」と交わした。

一九九八年一月一日の朝食をとりながら、ダイニング・ルームの窓からマル水道の入り江が一望できるのを楽しんだ。晴れてはいないけれど、優しい天候である。今日は精一杯歩くことにした。ホテルから海を背にしながら坂をどんどん登っていった。右手には羊が忙しく草を食んでおり、草地は真冬にもかかわらず、瑞々しい緑色をしていた。メヘヘヘヘヘーと習得ずみの羊の声を真似て注意を引こうとしたけれど、羊は同じ居場所から動こうともせず、ただ視線だけはこちらに向けていた。羊が四、五十頭一斉に私を監視している様は、ほとんど機械的な視線に見えた。なんの感情も表してくれない。しばらくするとまた一斉に草を食み始めた。木々には昨夜来の雨の雫が枝のあちこちに数知れない小粒の透明な玉を下げ、時々きらりと光った。

しばらく坂を登り続けていると左手にチーズを作っているファーム・ハウスがあった。曲がりくねった道を目で辿った先に三角の屋根が見え、入ってみたい衝動を抑えて歩き続けた。時々車が通るのだけれど、運転手の一人として手を上げて合図をしない人はいなかった。「ハロウ」という代わりのジェスチャーなのであろう。こんなちょっとしたことが、嬉しい気持ちにさせてくれる。常緑樹と落葉樹が混じってこんもりした景色の中を進んで行くと、十代の若者が五人で大型のモーター・バイクをすごいスピードで走らせ、同じ区間を往復していた。静寂を突き破ってすごい音がしていた。若者たちの側を通りかかった時、一人の若者が、「ソリィアバウト　ディス　ノイズ」（騒がしい音を立ててすみません）とぽつりと言ってくれた。なにも悪いことをしているわけではないのに、静寂を楽しんでいるように見えた私たち二人に申し訳ないと思ってくれたその心遣いが嬉しかった。「ちっともかまいませんのよ」と私は微笑んだ。

それから彼らを背にどんどん歩いて行くと、同じマル島の入り江が遙か向こうに見えてきた。空気が美味しくて美味しくて、とても貴重なものに思えた。この頃はどんなに田舎に出かけても車のせいで空気が汚染されてしまっているけれど、ここは違う。車の数はもちろん比べ物にならないくらい少ないし、海からの風が新しいミント風味の空気を次から次に運んでくれる。だから、イギリスでは昔から体調を壊した時、療養をしたい時には必ず海に出かけたようである。胸のできる限り奥の奥まで吸い込んでは出し、また吸い込んで楽しんだ。まるで体中に新鮮な空気が送られて血液がいつもになく喜んで、体中を大急ぎで駆け巡っているような、なんだか体が飛びたくなるような、走りたくて仕方がなくなるような感じがした。冬至が過ぎて、もうすでに日は少しではあるけれど長くなっていた。

ホテルに戻ってゆっくりと湯舟に体を伸ばして疲れを癒していると、去年のホグマネイの思い出が甦ってきた。気象台開設以来何番目かは知らないが、記録破りの寒い冬で、グラズゴーの街中も、グレン・コーもローモンド湖も白く凍てついていた。それでもなんとかマル島にある、今年と同じウェスタン・アイルズ・ホテルに辿り着くことができた。一月一日朝食の後、今年と同じように歩いた。あの時は海沿いに歩いた。脇道は凍てついていたけれど、その凍てついた道をマル水道を右手に見ながら歩いたのを覚えている。足を滑らすと崖から真逆さまに海に落ちてしまいそうで、恐る恐る歩いた。しかも強風で海に吹き飛ばされそうになるのに抗しながら、しばらく歩くと白い灯台が見えてきた。そしてイギリスの最西端、アードナマーハン岬の突端が見えた。

この地点はとても景色の良い所で、眼下には緩やかな坂があって、そこを降りるとちょっとした展望台らしい場所があって、ここに碑が建てられていた。御影石に「かつてここを最も愛し逝った人」とあり、その方の名前が刻み込まれていた。家族と友人が一緒になって建てたらしい。こんな良い景色と静穏な所に、霊が風に吹かれて来るのだろうかなどと思い巡らしたのを思い出した。

もうすぐディナーの時間である。今日は白いブラウスと黒のヴェルヴェットのスカートとヴエストに身を包んだ。昨夜の着物に比べると楽で動きやすい。隣のテーブルの若いふたたカップルが話に興じている。一人の女性はベージュ色の長いチャイナ・ドレスを見事に着こなしていて、私の目を楽しませてくれる。大いに歩いて、お昼を抜いて、入浴した後なので心地良くお腹が空いている。前菜は人参、レンティル（薄型のオレンジ色の豆）、コリアンダーのスパイスの効いたスープである。空いたお腹を、色々のスパイスが小気味よく蹴飛ばしていく。とてもいい感じである。思わず「美味しい、美味しい」と呟く。次の箸遊びならぬフォーク遊びと言ってよい、ちょっとした繋ぎの料理がこれまた美味しいことと言ったらアンブロイジア（ギリシャ神話での神様の食べ物）である。鮭の身や貝類がとろりとした、いい出しで作られたクリーム・スープの中に浮かんでいる。

いまだにイギリス料理がまずいと言っている人がいたら、それはレストランの選択を間違っているのである。今やロンドンは世界中のグルメのメッカだと、フランス人が言っているのだから本当に違いない。その上、今イギリスは料理熱に燃えている。

今日は一月二日である。マンチェスターへ向けて戻る日が来た。朝八時半のフェリィに乗るので早起きをした。ホテルから一時間のドライヴが必要なので、遅くとも七時半には出発しなければならない。昨夜、ホテルの支払いをすませる時、「もう明日の朝はお会いできないから、今お礼を言わせていただきます。素晴らしいホグマネイでした。どうもありがとうございました」と言うと、ヘッド・ウェイター、巨体の上に乗せられた丸い優しい顔をしたジョージが、「調理した朝食は無理だけれど、トーストとコーヒーを用意しておくから、七時前に来るといいよ」と言ってくれた。

朝、ダイニング・ルームだけが明々とシャンデリアに照らされて静まり返っていて、スプーンが時々コーヒー・カップにかちっと当たる音がする他は、なんの音も聞こえなかった。低い声で、「ジョージ、眠たいでしょ。だって昨夜はほとんど眠る時間などなかったはずでしょうから」と私が言うと、「新年を迎える間は寝る暇などないから眠らないよ」と平然として、色々とサーヴィスに勤めてくれた。朝早いのにぱりっと糊の付いた白いワイシャツにきちんとタイをしていて、見る目に心地良かった。「次のホグマネイでまた会いましょう」と言い合って別れた。

フェリィの中では、私は立ち尽くして顔をガラス窓にくっつけて、静かに動いて行く淡い緑の島に目を奪われていた。時々下を見ると、波が次々に砕けてはまた波になっている。同じ繰り返しなのだけれど、一つとして同じ波はない。常に限りなく新しい波になりながら、それでも波は波なのだ。炎がひらひら形を変えて燃え、常に変化していながら炎は炎であるように。
そして、この繰り返すということが、見ていてなんと心地良いことなのだろうか。そうだ、繰り返すことは、人間にとって安らぐことなのだと思った。同じことを繰り返しながら、それでいて一瞬一瞬は一つとして同じではないのである。人間は繰り返しながら、線の上を前進しているのだ。この私たちの銀河系、天の河が続く限り、十億年くらいなのであろうか、時間を前に押しながら動き続けていくのであろう。それでもいつかは太陽も燃え尽き、地球も冷え切って、消滅してしまうと科学者たちは言う。この繰り返す運動ができなくなることを思うと絶望だ。

注

1 トマス・ハーディ（一八四〇―一九二八年）動かし難く遍在する大いなる「意志」または「運命」に、人間の意志は操られるという主題で、悲劇的な小説、短編小説、詩劇や詩を書いた。リアリズムとロマンティシズムの手法を織り交ぜながら、「時間」「死」「愛」にもがき、苦悩する人間の姿を、英国南部、ウェセックスという虚構の田園地帯を背景に、宇宙にまで拡大したスケールで書いた作家。代表作に、『緑樹の陰で』『青い瞳』『遙か狂乱の群を離れて』『帰郷』『塔上の二人』『カスターブリッジの市長』『ダーバヴィル家のテス』『無名のジュード』などがある。

ザ・ヘブリディーズでのセイリングとフィル先生とギリシャ彫刻のジョン

また、スコットランドへセイリングに戻って来た。風は冷たいと言えども夏の盛りである。朝六時に起床。

昨夜は、ザ・ヘブリディーズに浮かぶマル島のブネッセン沖に停泊した。夕食を陸で食べたくなったので、ディンギーで陸に上がり、やっとレストランを見つけた。小さな島の小さなレストランではあるけれど、数人の客が夏の太陽を楽しみながら、外のテーブルを囲んで飲み物を飲んでいた。その地方で獲れた天然の鮭のサラダが今夜の特別メニューになっているので、それを注文した。すると、マリネードして蒸したと思われる分厚いピンクの鮭の切り身が、たくさんの野菜サラダと一緒に出された。この鮭の美味しいことといったら、本当に夢中になって舌鼓を打った。

このスコッチ・サーモンのあまりの美味しさに気を取られっ放しになっていたのか、海辺の景色に夢中になり過ぎていたのだろうか。食事の後、ディンギーに戻り、片足は無事に乗り、もう一方の足をちゃんと乗せたはずが、次の瞬間には海の中でパニックに陥り、もがいているのであった。ジョンは落ち着き払って、ずぶ濡れの私をまるで子犬でも引き上げるかのように、ディンギーに拾い上げてくれた。それでもまだ胸がどきどきして、寒くてぶるぶる震えていた。ジョンは、ボートに戻って、ジョンのズボン、シャツ、セーターを借りなければならなかった。

「ああ、これで正式にセイラーの仲間入りの洗礼式を終えたね。この見事な洗礼式をヴィデオに撮れなくて、本当に残念だった」と笑った。私のプライドが非常に傷ついた。

翌朝六時に起床。ティーとトーストの朝食をすませ、七時に出帆。海の蒸気が向こうの島を灰色がかった群青色にし、水の靄に朝日が当たって、微かに朱色さえ帯状になって見える。その右手の向こうの島と、私たちのセイリング・ボートのすぐ左横の緑と岩がはっきりと見える島の間を、太陽が銀白色の光を水に映して、きらきらと私たちを追いかけて来る。遠い島々は、だんだんと色を薄くして、一番遠くの島はもう空と一つになっている。朝の力で、ボートも勢いよく走り、私たちの体も白い帆に当たる風の音と波の音とにリズムを合わせ、水の上をいそいそと滑っている。辺りはきらきらとダイアモンドの塵のように光る蒸気で満ちている。目覚めたばかりの景色にうっとりしているうちに、海が青くなり、空が青くなる。アイオナ島が見えてくる。島に石の寺院が姿を覗かせる。懐かしい気持ちで写真を撮り続けた。

以前、マル島のトバモーリ（ここはまるでお菓子でできたような、人形たちの家とでも言えるような色取り取りのパステル・カラーの家々が白漆喰で縁取られ、一列に並んでいるのであるが）を訪れ、その後スタファ島、アイオナ島に向かったのを思い出していた。

スタファ島にはあの有名なフィンガルの洞窟があるのだが、黒い大きな塊が海に浮かんでいるように見えていた。だんだん近づくと、長い年月に洗われ、削られた巨大な冷たい黒い柱の集合体の岩が人を撥ね退けているように思われたものだ。およそ三八〇〇万年から五〇〇〇万年前、火山の爆発により溶岩が流れ、それが冷却して玄武岩となったものなのだ。恐る恐る岩の中に入ったのだが、そこがフィンガルの洞窟だった。怒涛がものすごい音を立てて洞窟に挑みかかったかと思うと、次の瞬間にはさーっと姿を消す。それをいつまでも繰り返していた。言わば岩が楽器で波が演奏者となっていたのだった。聴衆はザ・ヘブリディーズの海全体だ。

　これは自然が創り出す壮大な音楽、天にまで届きそうな音であった。ちっぽけな私など、迫力溢れて止まないその演奏者にそのまま連れ去られて、海の音とのみ化してしまいそうな気がした。本当にものすごい音楽だった。

　メンデルスゾーンが実際にスタファを訪れて書き上げた「ザ・ヘブリディーズ」（または「フィンガルの洞窟」）がどんなふうな音楽に仕上がっていたのだったか、すぐにも聞きたい気がした。ジョンは「冬が来るまでこの音を胸にしまっておこう、そして長い冬の夜の楽しみに、メンデルスゾーンの音と比べてみよう」と言った。

　スタファ島の後、アイオナ島に向かったのであった。アイオナ島は、バンダル族（西ヨーロッパに侵入し、最後に北部アフリカに定住したゲルマンの一民族）が五世紀に、スペイン、北アフリカ、ローマなどを次々に侵し、略奪し、文化や宗教を破壊した中で、キリスト教の火を灯し続けることができた所なのだった。アイルランドの宣教師、聖コロンバはこのアイオナ島に修道院を建て、キリスト教を守り、この地から、各所でいったん消されたキリスト教の火を灯していったらしい。かのジョンソン博士[1]も『スコットランド西部諸島への旅』の中で、アイオナ島こそ「蛮族や流浪の野蛮人が知識の恩典と宗教の恵みを得た所」と書いた。この修道院は、今も海峡を挟んでマル島と向かい合わせで立っているのである。この寺院を今回は私たちのボートの上から懐かしく眺めた。でもアイオナ島は私の感傷など物ともせず、どんどん小さな姿になってしまった。

空はますます青くなったと言っても、ヘブリディーズの空も水も、その色は桃色と水色と銀色とが混ざったしっとり優しい色である。私は体中をこんな色の空気で包まれて、胸の奥の奥の奥まで海から立ち昇ってくる蒸気を吸い込んで、心を空に溶かして、両手を天に向けて、体を風に預けた。私が自然と一つになりきったと感じられる瞬間である。

ジュラ島の三連山が右手に見え、遠くに小さなセイリング・ボートがゆらりと浮かんでいた。そうそう、ジュラ島は、ジョージ・オーウェルがひっそりと執筆活動を行った所だ。敬礼。この海に顔を近づけてずっと波を追っていると、私の体液もすっかり波の波長と同じリズムを取り始めていた。海と一つになって心地が良い。

大きな空、大きな波、静かに佇む遠くの島々、音と言ったら波と帆の音だけしか聞こえない。様々な圧力や拘束から解放されて、自由、気儘、完全な静寂と穏和があるだけだ。でも、このボートの下では海の生物たちが壮絶な生の闘いをしているのであろう。生きるためにしのぎを削っているだろう。

六ノットの風に押されてすいすいとクロアブ・ヘイブンに戻って来た。クロアブ・ヘイブンはアーガイル州にあるマリーナである。小規模のマリーナが、小さな村の先端に付いていると いった感じである。このマリーナには「島の王」というパブもある。夜九時前に覗いてみた。居心地が良いので、よくここに来るようになった。ジョンはここのところ盛んにモルト・ウィスキィの飲み比べをして楽しんでいる。このパブには、山小屋風の高い天井と石の大きな暖炉があって、毎晩大きな丸太を燃やしている。石の暖炉には、木をそのまま生かしたマントロピースがある。立派に彫刻された木が両方から支えている。暖炉には石の台があって、そこに鋳型に流してできた鉄の暖炉用の道具が一式揃っている。火箸、火掻、小型シャベル、ブラシといったふうに。

真夏とはいえ、スコットランドの海辺の夜にはごうごうと音を立てて燃える赤い火が、なんとも言えずありがたい。暖炉の前には肘掛椅子があって、パブの主人の犬が玉座にでも座るように陣取っている。気高く、誇り高い犬で、皆の賞賛を当然というように受けている。中年のご婦人が駈け寄って来た。

「なんと美しいお犬さんだこと。あなたは王様みたいよ。この椅子が似合ってよ」

彼女の十二、三歳に見える息子さんも駆け寄って来て、「これはダルマチア犬だね。黒ではなくて、茶のぶちだね。おまえはきれいだよ」と言った。ジョンはお陰で、小さなストゥールに心地悪そうに座っている。若主人もカウンターの向こうから、「あの旦那さん、小さなストゥールに追いやられて」と笑っている。若主人は、時折犬に近寄って来て、話しかけ、額にキスをしてやっている。

大木で作られたマントロピースの上には、大理石の置時計があり、テーブルは古いシンガー・ミシンの上に木の台を設えたもので、黒い鋳鉄の足が味わい深い。床の上には、時代物のブランケット・チェスト（夜具用箱）がさりげなく置いてある。バーの棚の木彫りもまた、年代物らしい。そんな古いものが石の暖炉と丸太と一緒になって、このパブの雰囲気を作っている。長い髪を後ろで束ねた三十代らしい、人の良さそうなウェイターが私に話しかけた。

「どこからですか」

「マンチェスターからです」

「じゃ、ここと同じくらい雨がよく降るでしょう」

実際、マンチェスターに住むとあひるの水かき状の足になってしまうと言われるくらい、マンチェスターは雨が多いことで悪名高い。

「いいえ、ここの方が少しはましだと思います。今日は私たちオーバンのウィスキィ蒸留所を訪ねたのですよ」と棚のモルト・ウィスキィの行列を見ながら言うと、「ウィスキィをそこでご馳走になったのでしょう。だから、そんなに幸せそうな顔をしているのですね」と、ウェイターは言った。でも、モルト・ウィスキィの行列に目を光らせて、幸せそうな顔をしているのはジョンなのに。

温かい火の前で、すっかり心地良く居座っている。私がここのところ毎晩コーヒーにアップル・パイを注文するのを覚えていて、パブの主人が、「おや、今晩はアップル・パイなしですか」とふざけて聞く。コーヒー・ポットを持って来て、「あなたにもう一杯サーヴィスさせてください」と微笑む。

ここのパブに来るもう一つの楽しみは、知り合ったばかりではあるが、素敵な人たちに会うことである。このクロアブ・ヘイヴン・マリーナに着いた日のこと、車から荷物を降ろして、手押し車でセイリング・ボートに向かう途中、荷物の一つ、携帯羅針儀が海の中にころころと転がり落ちてしまった。少し怒って、落胆してもいたジョンに、すぐ後ろから来ていた紳士が、「どうしたのですか」と心配げに尋ねてくれた。

「ああ、そうですか。心配いりません。三十分のうちに見つけて差し上げますよ」と言った。傍にいた青年の方を向いて「捜しておあげなさい」と口早に言った。私はてっきりここのマリーナで働いている方だと思っていた。サーヴィスが行き届いているなとも思っていた。すぐ、その青年が、潜水用具を身に着けて水に潜ったのだが、見つからない。何度も水から上がってはまた潜り返していた。水から上がると、体中ががたがた震えていた。気温は十四、五度しかないのだから、水の中の寒さは察しがつく。でも諦めようとはしなかった。気の毒になって、私は「あなたの健康の方が心配ですから、どうかもう止めてください」とお願いした。結局五メートルほど離れた所にぷかぷか浮いているのが分かって、水から拾い上げてもらい、ジョンは大喜びした。

その後、パブ「島の王」で、ジョンがその青年に飲み物を奢る約束をし、出会った。モルト・ウィスキィを次々に飲み比べていった。実は、手押し車を押してボートに向かっていた時に声をかけてくれた方はフィルで、湖水地方のセカンダリィ・スクールの先生であることが分かった。水に潜ってくれた青年は、ギリシャ彫刻のように完全な美の権化なのだが、フィル先生の教え子で、この秋からケンブリッジ大学の学生になるらしかった。話に花が咲き、彼らのボートに招待された。

フィル先生は何十年も着続けているというセーターを着ていて、それには色取り取りのアップリケが施されていた。「なかなか芸術的なセーターですね」と私が言うと、「このセーターには歴史がありましてね。毎年セイリングに招待した女性たちが、記念に少しずつアップリケをしていって、この通りになりました」と嬉しそうに笑った。丸、四角、長方形などが色彩豊かに散りばめられていて、まるでモンドリアンの抽象絵画のように見える。

「私が死ぬ時には、このセーターを一緒に棺に入れてもらいます」とまた笑いながら言った。だんだんフィル先生のお人柄が浮き彫りになってきた。私たちが困っているのをすぐ察知し、その場で救いの手を差し出してくれたこの方は、イギリスで時々出会う「エクセントリックス」の一人のようだ。素晴らしい、愛すべき人で、教育に、人への愛に一生を差し出した人らしい。

誕生日には、友人や教え子たちが集まって、祝ってくれると言う。いつぞやは、小型飛行機が赤い矢を空に描いてフィル先生の頭上に現れ、数秒後に消えていったらしいが、それがフィル先生への愛と尊敬を表す印だったようだ。

ギリシャ彫刻のジョンは、フィル先生を慕いきっている。私の夫のジョンに「この若者に大学生として、将来への助言をしてやってください」とフィル先生は言った。二人のジョンが盛んに大学について、研究について話し合っているのを、この先生は本当に幸せそうに見ていた。

できたらトバモーリで再会しようと言い合って別れたのだけれど、潮流などの関係でそれぞれの計画が変わったのであろう、会わずじまいであった。しばらくして、ギリシャ彫刻のジョンから長い手紙が来た。もうすぐケンブリッジでの生活が始まるとのことだった。それに驚いたのは、手紙にあった航程記録から分かったのであるが、ブネッセン沖で私がパニックに陥って海の中でもがいていた時、彼らの船は帆がはっきりと見える距離の所に同じように停泊していたことになる。

注

1　サミュエル・ジョンソン（一七〇九－一八四年）俗にドクター・ジョンソンと呼ばれる。英国の文学者、辞書編纂家。

シングル・モルト・ウィスキィ

スコットランドのオーバンの町は、夫の父方の叔母で、生涯独身を通した教師のドリスが、親しい友人と三人でよく夏の休暇を過ごした所らしい。ドリス叔母さんは、私がジョンと結婚する前の年に亡くなったから会わずじまいだが、オーバンの町を歩いていると、なにか彼女と結び付いて、特別な気がするから不思議である。

町並み自体も特別な雰囲気がある。道路を隔ててすぐ向かいがマル海峡である。海には漁船、観光船、セイリング・ボートなどが浮かんでいる。道沿いには様々な店が並び、建物はスコットランド独特の尖った円錐形の小塔があったり、鋭い三角形の屋根窓が付いたりしている家々が軒を連ねている。シー・フードの屋台もあって、陸揚げされたばかりの魚介類が売られている。大きな帆立貝の貝殻に蟹、海老、烏貝といったシー・フードを盛り合わせたシー・フード・プラターもある。

オーバン・モルト・ウィスキィ蒸留所も見学した。大麦を水に浸し、発芽させ、それを乾燥させた状態をモルトと言うらしい。そのモルトをピートを使って焙煎する。ピートは泥炭の燃料で、スコットランドのあちこちにあって、一メートルから一・五メートルくらい掘りあげて、乾燥させているのをよく見かける。アイラ島のボーモアでも、赤紫色で一面を塗り潰したように見えるヒースの原に、ピート層を掘り下げて黒い深い溝を作っているのを目にした。モルトの焙煎の度合い、ピートの使用分量、水の質によって、モルト・ウィスキィに様々な違いが出てくると言う。

水は自然水を使用するので、その水がヒースやピートなどを通過している場合、その香りがウィスキィに出てくるらしい。スカイ島で蒸留されるタリスカーやアイラ島のラガヴーリンなどがウィスキィ通に愛飲されているようである。

モルト・ウィスキィは口にすると、燃えるような感じがするが、次第に色々の味がゆっくり現れて、舌の上で転がり始める。ピートの味、土っぽい味、ヒースの香り、燻製の香りなどが。確かに複雑な、微妙な味があるのだが、蒸留所の壁に掛けられた宣伝文を読んだ時、ついくすくす笑ってしまった。格調高くこう書いてある。

「……絶えず海風に当たっているため、タリスカーには胡椒のようにぴりっとする海草の香りが染み込んでいる。この有名な『スカイの黄金の酒』には、鋭いピートの個性の強さが十分に効いている。それは舌上で爆発し、延々と舌に残る」とか、「……海と土と火との結婚により、海特有の味がする、ピートの香りの強いウィスキィが生まれる。十六年物のラガヴーリンは、中身がしっかりしており、滑らかな絹のように柔らかな辛さの最高級かつ最も鋭い味を有す」とか書いている。

何十種類もの素敵なデザインのピューター（しろめ）の分量器もある。ウィスキィをホストが注いでくれる時、ほんの少しお願いしますという意味で、「ア　ミア　センセイション　プリーズ」とか「サジェスチョン」とか「サスピション」と言うけれど、実のところ紳士方はたっぷり注いでくれることを願いながらそう言うに決まっている。私も夫が、モルト・ウィスキィを気の合った友人とちびりちびりと飲んでは酌み交わし、時間をかけて会話を楽しむのを見てきた。成熟させるのに十数年もそれ以上も寝かせて待つところなど、大変イギリス的な気がする。

エディンバラでの十年目の再会

スコットランドのザ・ヘブリディーズでセイリングを終えたその足で、エディンバラに向かった。英国のギャスケル協会が、一九九三年八月にクイーン・マーガレット・コレッジで四日間にわたって開くギャスケル学会に出席するためである。日程が詰まっていて参加をほぼ諦めていたのであるが、どうしても出席したい気になって間際に参加申し込みをした。そうしたらどうでしょう、そこで二人の大切な日本人に偶然お会いすることができたのである。

一人は日本ギャスケル協会会長の山脇百合子先生、もう一人は東郷秀光先生であった。日本にいる時にはギャスケルの作品は読んだことがなかったけれども、マンチェスターに移り住むことになった時、和書、洋書を含めてギャスケル関連の本を買い込んでいた。マンチェスターに住むからには、ギャスケルを読まないわけにはいかない。山脇先生のご本もその中の一冊であった。ご本の文体から行間から先生のお人柄、温かさ、善良さを汲み取って間もない頃であった。イギリスのギャスケル協会の会員の方からは、「あなたが百合子なの」とか「百合子をご存じなの」と聞かれ続けていた頃でもあった。

山脇先生は思ったよりもずっと若々しく、お名前の通り白百合のように清々しく、笑顔がこの上もなくお美しい方とまず思った。それからちょっとしたエディンバラのバス・ツアーにもご一緒して、楽しい時間を過ごさせていただいた。文学研究をしながら、研究対象の作者の魂を取り込んでいるという好例ではないかと思った。高貴な善良さに向けて魂が昇華するのを、お姿から実感したのである。

東郷先生との再会は少々劇的であった。その時からちょうど十年前に私がロンドン大学でジョージ・エリオット(1)の研究をしていた時である。あの時はまだまだ自信がなくて、セミナーで文学議論など戦わすのも気が引け、ただローズマリィ・アシュトン先生に個人指導を受けながら『ロモラ』を読んでいたのであった。その時たまたま知り合った早稲田大学の先生がギリシャ旅行をし、そこで日本のジョージ・エリオット研究者と会ったので、私のこともちょっと話しておいたと言ってくださった。しばらくしてロンドン北部のゴールダス・グリーンに住まいを借りて、文学研究をしておられたジョージ・エリオット研究家のお宅でパーティが開かれ、早稲田の先生のお陰で、私も招いていただいた。そこに東郷先生がおられた。大変懐の大きい、お優しい、夢をいっぱいに抱えていらっしゃる方なのだという印象を受けた。ワインのボトルを開けた時、コルク栓に一〇ペンス硬貨を突き刺して、私に差し出し、「これを持っていると幸せになれますよ」と言って手渡してくださった。私は宝物のようにずっとそれを大切にしてきたし、今も大切にしている。

エディンバラのギャスケル学会の初日、皆バーで飲み物片手におしゃべりをしていた時である。東郷先生とは知らずに、お互いに自己紹介をし、話し続けているうちに、もしかしたらあの時のあの方ではということになった。十年間のお姿の変化の中から、じわりとあの時のお顔が浮かび上がって、目の前のお顔と重なり合ったのである。十年目の再会を大いに喜び合った。東郷先生はギャスケル協会の秘書をしているジョウン・リーチとも親しくされているということが分かって、後でご一緒にリーチ夫人のお宅にお邪魔したりした。あの時から、エディンバラを思い出すたびに幸せな気分になる。

注

1 ジョージ・エリオット（一八一九―八〇年） 本名メアリィ・アン・エヴァンズ、高い知性を備えた女流作家。他者への「愛」を宗教にまで高め、「愛」や「共感」が人から人へと受け継がれていくことを小説に描出した。代表作に『牧師生活の諸相』『アダム・ビード』『フロス河畔の水車小屋』『サイラス・マーナー』『ロモラ』『フィーリックス・ホルト』『ミドルマーチ』『ダニエル・デロンダ』などがある。

第二章

マンチェスターでの暮らし

ニューカッスル・アポン・タイン
サンダーランド
ミドルズブラ
マン島
アイリッシュ海
ヨークシャー
ヨーク
リーズ
キングストン・アポン・ハル
ソルフォード
マンチェスター
リヴァプール
シェフィールド
リンカン
チェシャー
ダービシャー
ノッティンガム
ダービー
レスター
バーミンガム
コヴェントリー

英国中部略地図

白い五月

イギリスの三月が黄色に染まった後は、白い五月という印象が強い。英語で文字通りメイと言うのだが、山査子《さんざし》のことで、小さな白い花がぱちんと弾けるように花びらを全開して木を飾るし、マンチェスターの南のダービシャー、スタフォードシャーなどの丘陵地に点在する木々は、白い花房で覆われる。遠くから眺めると純白の雲が低く降りてあちこちに浮かんでいる感じがしないでもない。目に染むような緑の草地を背景に咲く五月の白い花々は、純粋な喜びを与えてくれる。

目を瞑《つぶ》ってイギリスの五月を思うと、私の眼前に現れてくる一瞬の風景がある。それはマンチェスターの南隣の州、チェシャーにあるスタイアルズの森林地を歩いていた時のことであった。小高くなって曲がりくねった道を通り過ぎて、下り坂に向かった所だった。緑の草地以外は白、白、白の花々が私の前に立ち塞がってきたのである。山査子、野菊、カウパセリ、皆ただただ白い花が群生していたのである。しばらく動けなかった。あの瞬間から、私にとってはイギリスの五月は白なのである。

もう一つ五月ですごいのは、石楠花《しゃくなげ》が咲き始めることである。チェシャーにタトン・パークという名のお屋敷と庭があって、ここは十七世紀から代々エジャトン家の人々の住まいであり、現在の大邸宅は三回目に建て替えられたものである。一七八〇年から一八一三年にわたって、新古典様式で建て替えられ、二〇〇〇エイカー（約八一〇万平方メートル）の敷地の中に立っている。五二〇エイカー（約二一二万平方メートル）の庭があって、そこに何百本とある色取り取りの石楠花が、五月末から六月初めにかけて見事な一大絵巻ともいうべきものを見せてくれる。私がイギリスに住み始めた一九八九年の六月中旬に初めてそこを訪れた時には、もう花の半分以上は盛りを過ぎたり、萎んで枯れてしまったりしていた。その時は残念というより悲しかったのを覚えている。全てに時があり、時は止まることがない。一年に一度きりのこの美しい時を失ってしまったという痛みであった。

翌年は気をつけていて、五月の初め、中旬、終わりと何度も足を運んだ。五月の下旬には、石楠花の最も美しい状態に出会うことができた。ノートにこう書き留めている。

香りが後から後から押し掛けて来る。色彩を満載してタトン・パークが五月を謳う。人々の顔に石楠花やアザレアの鮮やかな色を映している。池にもその明るい色を貸している。

香りが私に向かって立ち昇ってくる。一瞬の時の中に、その美を凝縮させ、その香りを濃縮させて、誇り高く咲いている。私の感覚の全てが石楠花の大輪の中に吸い込まれ、私は石楠花になる。石楠花になったこの束の間の時を、私の中に刻み込もう。私の中にあの立

タトン・パークの石楠花（上は著者，下は夫のジョン）

ち昇る香りと、あの色と、花びらの手触りを埋めよう。タトン・パークで束の間、私が石楠花になったことを、覚えていよう。

この後ずいぶんたってたまたまD・H・ローレンスの随筆に出会った。

「精神的な存在とは、自己が宇宙の中を通り抜けていくことによって知るという状態を言うのです。……だから私は空であり、花であり、私自身である私なのです。つまり、私が生きながらにして全ての物と一つになるということを経験する際の、永遠という状態に向けてのあの運動のことを指すのです」

私がタトン・パークで石楠花になったと感じた一瞬と同じ感覚、その認識をD・H・ローレンスはこのように表現してくれていたのである。人が真に対象物に陶酔して見入った時、その物と人の精神が同化することは時々起こるのである。そのような瞬間、完全に満ちた瞬間が即「永遠」と言えるのかもしれない。つまり「変化」したり、「進化」したりして神の完全に近づこうとする必要のない、完璧な美の瞬間、これが「永遠」であると考えることも、一つの「不死」の把握の仕方かもしれない。完璧と言える「美」に出会い、その中に同化し、溶け込んだと思える時、初めも終わりもない「永遠」を生きていると感じることができる。

それからは毎年五月になると落ち着かなくて、何度もタトン・パークへ足を運ぶようになった。一九九七年五月三十日のノートにはこう記している。

今日またタトン・パークへ出かけた。主な目的は両親にヴィデオ・テープを作って送るためである。よく晴れ上がった澄んだ日だ。気温も急上昇し、至る所で、パブの前でも冬眠していた動物がいそいそと這い出て来たように、人々が群がっていた。イギリス人は実に太陽に敏感で、金属が磁石に吸い寄せられるように、太陽に引き寄せられる。

タトン・パークの正門から入ると、両側に広々とした緑の草地が広がり、木々が太陽を浴びて鮮やかに光っている。羊たちがのんびりと草を食んでいる。緑の洪水の中を車で突き抜けて駐車場へ向かった。ワイン一本、グラス二個、オレンジ、サーモン・サンドウィッチとアップル・パイを入れたバスケットを下げて、まずは日陰を探した。プイ・フィッセがグラッグラッグラッとワイン・グラスめがけていい音を立てた。

色が溢れていて、香りが溢れていて、緑の気がどこにも流れ漂っている。池には鴨と生まれたばかりの小鴨が戯れている。その水面には色取り取りの石楠花の色を映していて、艶やかな虹が水に浮いているようにも見える。

黄色、オレンジ色のアゼリアからはなんとも言えぬ香りが流れ出ていて、顔をすっぽり包んでくれる。甘くて、爽やかな匂いだ。濃い黄色が零れ落ちそうに咲いている。見上げるように高い木、濃いピンクや淡いピンクの木々とまさに色の饗宴である。

「石楠花の谷」と俗に言われているスロープを下りて行くと、目の中に艶やかな色彩が飛び込んできて、その強い色で私の足も胴体も縛られて動けない感じがした。濃い香りと色の深い海の中を歩いていく重量感、そんな感じがするほど辺りの空気は色と香りがいっぱいに詰め込まれているのだ。振り返るとスロープの上はアヴェニューで、その上のまた緩やかなスロープには、緑が陽と陰のまだら模様になって揺れていた。

「石楠花の谷」を降りる途中、左手に濃いオレンジ色の石楠花の木々がある。一八七八年にロンドンのロイヤル・アカデミィ・オブ・アーツの会長に選ばれたレイトン卿のあの有名な「フレイミング・ジューン」(「炎熱燃え上がる六月」という題で、若い美女が透き通ったオレンジ色のドレスを着て、夏の暑さにうな垂れている様を描いている)のオレンジ色である。花を仰ぎ見ると、私の顔にオレンジ色が雪崩落ちてくる。花びらに圧倒されてはいるものの、葉も太陽に照らされて、下から見上げている私の目には、エメラルドが光っているように見えた。その隙間から真青な空が見える。そのように溢れる色彩に押されてスロープの底に着くと、そこは私が思わず「シャネル五番の谷」と呼んだほど、香りが次から次へと流れている所だった。

色を潜り抜け、また別の色を潜り抜けて、こんもりとオリーブ・グリーンに包まれた小暗い所に来た。その緑の闇の真ん中に、燃える緋色の石楠花が数本静かに立っている。特に一カ所陽に当たっている所があって、燃え上がっているようだった。息を呑んだ。

マンチェスター大学で、トマス・ハーディに関する学位論文を書いている最中だったけれど、論文をそっちのけで、しかも日程が詰まっているのにもかかわらず、少し迷いつつも、やはり来て良かった。生きるということはこういうことなのかもしれない。義務感に囚われて窮屈に生きてばかりいないで、時には本当に美しいものを味わうことを優先させて良かった。以前は頑固で、融通が利かず、こちこちだった私が、こんなに柔軟になって、本当の意味の人生での優先順位が分かってきて、実行できるようになったのである。これが真の意味での精神の解放なのかもしれない。

今日のこの経験は、私の肌に、心に、強烈な感覚の喜びとして沈潜していくと思う。私の心の大切な風景として納まっていくと思う。いつか私の分子だけの、最小の宙に浮いているだけの塵になる瞬間に、この風景が分子の中に溶け込んでいく、そんな気がした。

母の訪問

夏が訪れた五月の終わりに続いたのは、雨の多い肌寒い六月だった。私がイギリスに移住した翌年、一九九〇年六月に日本から母が友人二人を連れて来て、私たちの家に二週間滞在した。あちこちと小旅行をし、ロンドンでは偶然にも女王様の誕生日祝賀パレードに出会い、四人で英国旗を振って楽しんだりした。チェシャー州のコングルトンにある十五世紀の木枠に土壁造りの領主の館、リトゥル・モアトン・ホールも訪ねた。この館はエリザベス朝独特の白と黒の木の柱が面白く歪んだ建物だ。

後のお礼の手紙によると、母は心に館の姿をしっかりと刻んで、イギリスの楽しい思い出と結んで「回想の館」を絵にしたらしい。母の目も手も心も、イギリスにまつわる一瞬一瞬を一枚の日本画のキャンバスに移し、消えぬ思い出にしようとしたらしい。

母も友も心を開き切って、異国の文化を吸い込んでいった。その心の柔らかさは、純粋な子供の柔らかさだ。光る母と友の目、変え難い至福の時が、私の心をふわりと丸くしてくれた。

冬の青い地球の影

冬には珍しい太陽の光に急き立てられて、ダービシャーへ駆け出した。分厚いロイヤル・ブルーのセーターを着込んだ上から、心地良く身が引き締まるような冷たい空気に包まれた。逆光を浴びて遠くで草を食む羊の背は黄金の縁取りになっていた。広大な円形庭園にいるように、なだらかな丘がぐるりとこの目で一巡りできた。燃えるオレンジ色が、辺りの白い霜の原にも映えていたと思うと、さらりと日が落ちた。向かい側の東の空に薄桃色の帯が広がっていって、丸い丘の上の紫色が桃色になっていった。

「あの青い帯は地球の影だよ」とジョンが言った。太陽が落ち、地球の運行の只中にいて、地球の影がどんどん高くなっていくのが見えた。この神秘的にさえ思える宇宙の動きと変容が、私の身を突き抜けた。桃色の空は、青い地球の影に押し上げられて、次第に辺りは墨絵の世界に陥ってしまった。気がついたら、二人の手はかちかちになるほど凍えていた。

翌日、冬を見に平たいチェシャー州の野に出かけた。凍りついた灰色の空に、黒い針金のような木の枝が細かい模様を織り上げていた。まるで空に伸びる凍った黒のレースのようにも見えた。かりかりと音を立てて今にも折れそうな気がした。それでもその黒い枝は、細い身を優雅にくねらせ、気高く強く冬を生きている。そのくねらせた黒い身の美しさを讃える者は、冬にはいない。その枝の小刻みなダンスに見入る者もいない。黒い枝の震えるような細やかな音楽に耳を貸す者さえ、冬にはいない。

冬のマンチェスターは、ヴァレットの絵そのままに、小粒の水滴に煙るオックスフォード・ストリートも、鈍い鉛色の空も、それなりに美しい。人々の背を丸めた姿が霧に溶けていく。赤煉瓦の古い建物は霧を吸って、しっとりした家並みとなる。人々は黙々と歩く。思いが内に向いているのであろう。ある者は温かいスープを思い、ある者はリア王の孤独を思い、またある者は南フランスの海辺を思っているのだろうか。暗いオックスフォード・ストリートは、豊かな沈黙に溢れる。黒いコートの人たちが行き交っては、消えて行く。

ミケランジェロの原子と香しい塵

私がマンチェスターに落ち着き始めてからしばらくして、ジョンは自分が少年時代を過ごしたイギリスの南部にあるデヴォンシャーを私に紹介し、案内したいと言ってくれた。自転車で急坂を走るのが好きだったらしいが、ある日、自転車ごと転倒して、今でもその傷が残っていると言った。その時のジョンは、皺《しわ》のできた皮膚の中から、きらきらと青く光る少年そのものの目を輝かせて、夢中になって早口で話すのだった。

デヴォンシャーのビディフォードへの巡礼が始まった。ここが洗礼を受けた教会、セント・ヘレンズだと言って、石の殿堂に案内した。ここには母親とよく通ったらしい。野生の水仙が墓地を埋め尽くしていた。苔生《こけむ》した墓石の銘を一つずつ読んでいった。ジョンの両親が、水仙の群れの中にも、樫の老大樹の上にもどこにもいて、見えない力で私たちを見守っている気がした。ジョンが海に惹きつけられるのは、父親の見えない力のせいなのだ。母親の見えない力がいつもジョンの中にいて、絶えざる好奇心や知識欲を掻き立てている。ジョンの行為や感情の中に、父ノーマンと母フランシスは生き続けている。

マンチェスターの家に戻ってすぐ、真紅の薔薇柄の付いた写真立てに、色褪せてはいるが若くて意志力の漲っているフランシスの写真を入れてみた。

ビディフォードからの帰りに、やはり北デヴォンシャーのトリントンにあるダーティントンガラス工場に立ち寄った。ダーティントン・クリスタル・グラスの数々が、無駄な飾りや彫刻を一切排して、単純な姿ですっと立っていた。春の風がくるくると舞っていて、ジョンの少年時代の思い出も、くるくると舞っている気がした。風が触れて、鈴のような音を立てた気がした。ブロンジーノの女性のように、春信の女性のようにすっと伸びたマニエリスム流の細長い線が美しい。

ダーティントン・グラスを思い出に二つ買うと、我が家でまたグラスの中から、ジョンの思い出がくるくると舞い始めた。私の中のデヴォンの香りも舞い始めた。黄金のカーテンのように咲き乱れたれんぎょうやデヴォンのクリーム・ティーや、生まれたての子羊がデヴォンシャーの赤い土にまみれてよちよち歩く姿といった春の輝きが、舞った。

庭の植木樽いっぱいに植え込んだパンジーが、樽から零れるように咲いている。何輪か摘み取って水に浮かべてみた。想像力の速度の速いことと言ったら、光以上かもしれない。そんな速さで思いが飛んだ。

クリスタルの鉢に、まだ冷たい三月の水を張って庭のパンジーを三輪浮かべてみた。ふうっと小息を投げかけると、紫色のパンジーが小鳥の羽のように震えた。震える花びらから母の顔が浮かんできた。直径一五センチの花びら鉢から一万キロの空間を縫って思いは走った。母の薄化粧した美しい顔が浮かんだ。母の疲れた、寂しそうな姿が浮かんだ。生き生きと、くるくるとしたいことをして、寂しさを紛らしているかもしれない母の姿を想像した。どんなにか母のことが大切に思えてならないかは口では恥ずかしくて言えないが、紫色のパンジーには聞いてもらえる気がした。

雛祭りの日の父からの電話に、特別の思いが波打つように胸に響いた。海を越えた電話の向こうから、温かい父の声が聞こえた。「ジョンと仲良くやっているかい」といつものように聞いた。どんなに不安に心を暗くしている時も、寂しくてやりきれない時も、あの声を聞くと「心」が帰らなければならない所、優しさと信頼と愛のある所へと向かって行くのだ。あの声を聞くと、私の世界が秩序を取り戻し、穏やかな、静かな、満ちた気持ちが帰って来る。正しい気持ちが戻って来る。海ごと支えられているような、それでいて、少しずつ老いていく父を支えたいような、そんな気持ちになってくる。

マンチェスターに移り住むようになってしばらくは、夫以外には私はいつも独りだと感じた。だからといって慌てて無理に友人をつくろうともしなかった。この冷たい水に触れる時の感覚に似て、感覚には痛いと感じられると同時に、涼しい、静かな「豊かな冷たさ」というプラスの感じもしたのである。だから孤独を楽しみもした。自分にこう言い聞かせていた。

孤独で心を強くしよう。孤独の中で思いを深くしよう。安易な他との結び付きを求めて、自分の寂しさをごまかすのはよそう。

じっと孤独に耐えていよう。その中から、本当の私が姿を現し、本当の私がなすべき仕事をし、本当の思いで、友に愛情を注げるようになるまで孤独でいよう。異国の空の下で、細かい思いをしみじみ交わせる友に会うのは、奇跡のようなものかもしれない。この孤独の中で、徹底的に自分を見つめてみよう。尽きない泉のように溢れてくる感情に、耳を澄ましてみよう。この寂しさを突き抜けて、なにかが生まれてきたら、それは本物だ。今は、寂しさと手を繋いでいよう。

このようにしばらくは孤独感に浸っていたため、独りでものを見つめて楽しむようになった。マンチェスターの我が家は、アーウェル川から水を引いたマンチェスター・シップ・カナル（運河）の終着、いわゆるドックに面している。ちょうど小型版ロンドン・ドックランズと言っても良い。私はずいぶん水を眺めて暮らした。

重いカーテンを押し開けると、外が一瞬真っ白に見えるほど明るい空気が溢れている。運河の水にぶつかった太陽光線が、居間の天井の白い壁にキラキラ揺れて、動く影のクリスタルのようだ。その透明の影が私に戯れる。初めも終わりも、良いも悪いもない。あるのは、今私が揺れる影とここにいることだけだ。影と私が短い時の関係を持ち、思いの丈を込めて一瞬の透明のデザインを愛で、空っぽの心を楽しむ。あるのは影と私だけ。カーテンの向こうで白い沈黙の風景が送るのは、水を揺らす風だけ。この短くて、永遠とも思える影と私の濃い思いの交歓、この一瞬の時には、初めも終わりもない。

このような状況の中では、自分自身との会話に費やす時間も多いが、勢いジョンが私の分析対象の筆頭になる。近ければ近いほど分析できるどころか、ますます複雑になり、ますます掴めなくなる。でも一つだけお互いに分かり合っていることがある。

私は日本人？　あなたはイギリス人？　私たちは日本人でもなく、イギリス人でもなく、「私たち」という人間。相手の花を精一杯咲かせてやろうと、お互いに手を貸し合って、相手の花をより一層美しくしようと愛の甘汁を注ぎ合って、私とあなたは「私たち」。

ジョンはソファの上でも、風呂の中でも、いつでもどこでも本を読んでいる。ジョンの知識はユーフラテス河のように豊かに満ち満ちている。『タイムズ・アトラス』（一八九五年にタイムズ新聞社が出版して以来、今日まで使われ続けている大版地図書）でいつも世界中の場所を確かめている。狭い所に閉じこもっていた私に、世界を見せたいと言う。ヨーロッパ史もよく知らない私に、少しずつ手解《てほど》きをしてくれる。割り切った言い方をし、ドライに見えるのに、実際は慈悲深く、宇宙を見据え、人間の醜い出来事もそのまま受け入れる。感情はたっぷり溢れていても、決して感情に流されることはなく、客観と主観の見事なバランスを取っている。人への配慮を見せつけないで、深く配慮する。きりっと辛口の抑制がいつも支配している。私はいつもこの人から学んでいる。この人の中にイギリスの礼節を見る。

二人の距離が近ければ近いほど、別れが恐怖になる。ジョンは科学者なので、迷信にはほとんど動かされることがなく、神の存在も信じないふりをしている。無神論者なのと聞くと、不可知論者だよと言う。

トマス・ハーディの小説『ダーバヴィル家のテス』の最後の方で、テスが死刑に処される前に、ストーンヘンジで、エンジェルに、死んだあと再会できると思うかと詰問する所がある。テスにとっては一番大切な質問なのである。エンジェルはキスをしただけで、答えは避ける。作者と同様に、エンジェルも不可知論者の立場を守る。

テスのふりをしたわけでもなんでもなく、ただ本当に、私も死んでからもジョンと一緒にいれるかどうかを知りたいので、何度も繰り返して同じ質問を投げかける。「死んだら二人の灰を混ぜてもらうように誰かに頼むよ」と、ジョンは前にも同じような会話になった時に言っていたのを覚えている。

今日もまた、同じように繰り返した。「じゃ、海の上に蒸気がゆらゆらと立ち昇るように、私たち二人の灰になった分子が糸のように捩れて、結ばれて立ち昇り続けることができるのね」と念を押すように私が聞くと、「そうだね。そんなものかもしれないね」と言った。私の涙がぽろぽろ流れたが、安心して気が緩んだ。

人間の唯一の生きる目的は、DNAを残すこととある遺伝子学者は簡単に言い切る。私はDNAを残していない。いつか跡形もなく消えていくことだろう。ジョンは言う。「僕たちはミケランジェロの何十億分の一かのアトムを吸っているよ」。

誰かが、いつか、どこの馬の骨かも分からないような私の何千分の一かのアトムを、同じように吸うだろう。私の生きた跡が塵となって、宇宙を漂うだろう。心の良い人が吸ってくれるかもしれないという小さな希望が残る。正しい、良い気持ちで精一杯生きたら、とても香りの良い、微かに虹色を漂わせた塵になるかもしれない。塵になるなら、そんな正しい、香しい塵になりたい。

真紅の薔薇

この世の中でなにが一番好きかと問われたら、私は人間の愛情、友情を除いて、迷わず「イギリスの六月」と答える。イギリスの六月には、緑がだんだん濃くなっていく中にライラックが咲くし、なによりも薔薇が一番美しく見えるのである。夏が来ているのだけれど、残酷な暑さではない。だから色彩も南国の強烈な色というよりは、透明なベージュ色の粒子を全ての色に振りかけたような優しい色の風景となるのだ。そんな中でも、真紅の薔薇はまさに赤なのである。

この真紅の薔薇の色は、マティスもピカソも出せない。陰を幾重にも隠しているから、深い赤となる。ヴェルヴェットよりもっと細かいきめの肌に、ほんのり香りを放して至上の美しさで立っている。すぐに散りゆくから一層いとおしい。美しさの極みにいて、人の目を鼻をこのように喜ばせながら、悲しさを誘う。弾ける喜びと甘美の最中で、モーツアルトがこの上もなく悲しく響くように、薔薇の美が悲しさを呼び起こす。雨が上がれば花びらの上に水晶の玉を遊ばせ、太陽に誘われれば、大きな花びらをさらに大きくする。

「ドリーム・ランド」と「スウィート・ドリーム」という名の低木の薔薇は、ジョンが植えて、私がイギリスに来るのを待っていてくれた薔薇である。友人のアヴァリルが薔薇園に同行して一緒に選んでくれたらしい。薄いオレンジ色の小さい花が、ぼんぼりの形となって、頬をすり寄せるように咲いている。これが「夢の国」。淡いピンクの小ぶりの薔薇が、枝を弓なりにするほど花びらを重ねている。これが「甘い夢」。

「オレンジ・センセイション」という名の薔薇は、濃い珊瑚色から、満開になると燃える朱に変化する。朱の花びらが燃えて、炎を灯し、花から飛び出してくる。見たこともない透き通った赤だ。ガラス工場で見た火の中のガラス色に似ている。散る前に、こんな激しい姿に変わって、五分咲きの頃よりずっとすごい美を呈する。

六月の初めの日曜日に、マンチェスター市美術館のヴィクトリア朝絵画の間で、小さなコンサートと詩の朗読会が開かれた。ラファエル前派の絵画の前で、ハープとソプラノの声と詩が流れた。オリーブ・グリーンの壁紙の縁取りの中で金色をした鱗の魚がまるで泳いでいるかのように、天井の明かり窓から入る陽が、それを鮮明に浮かび上がらせた。濃い緑、ワイン色、紫と多色を見事に調和させ、色彩が光に誘われて浮き出てきた。ハープの音色が、溶けるように色彩の間で踊った。ソプラノの声が、絵画を一時沈黙させたかと思うと、ジョン・エヴェレット・ミレイ、ウィリアム・ホールマン・ハント、ダンテ・ゲイブリエル・ロセティたちの絵を、詩が今に蘇らせた。卵型の顔をしたきれいなソプラノ歌手の金色のブラウスまでが、この部屋と響き合った。ここはしばし「夢の国」、歌の流れるオリーブ色をした「夢の国」となった。

マンチェスター市の中心地に「ロイヤル・エクスチェインジ」というヴィクトリア朝に、特に綿花の取引所として世界一の規模を誇った建物が今も立っている。現在は劇場として使われ、またも成功を収めている。私は町に出かけた時、時々立ち寄ってコーヒーを飲んだりした。

そのロイヤル・エクスチェインジ劇場には、丸天井が二つ高々と聳えている。天井の石の格子の間から空が明るく光り、薄茶色の大理石の柱が威容を誇っている。十九世紀の綿花の取引所らしく、天井のすぐ下の円形の壁に金文字が巡らせてある。「目方を騙してはいけない」と。

過去からの人々の声が、大理石の柱にぶつかり、跳ね返ってくる気がする。

その間から今、月曜日の午後、コーヒーを前にしばしの休憩を楽しむ私の耳に、芝居の練習の声が響いてくる。過去と現在の声が交わり合っていて、時の綾に絡まれながら、もう一度ヴィクトリアンの声に耳を傾けてみる。活気に満ちた経済と生活の響きが聞こえてくるではないか。アメリカから渡って来た綿花の山と人の山の賑わい、その繁栄と活動の音を破って、役者が練習の声を張り上げる。今、過去と現在がここで交わる。

ランカシャーのブラッドフォードにブラッドフォード大聖堂がある。ここに日本から能の一行が来て上演した。出し物は「隅田川」であった。それに引き続き、ベンジャミン・ブリテンの作曲したオペレッタ「カーリュー・リヴァー」が演じられた。幕間は、大聖堂の庭にマーキー（屋根だけの大テント）が設えてあって、そこでシャンペーンと苺がサーヴィスされた。しばらく日本の音から離れていた私は、「隅田川」の舞台が開くなり、鼓がトントントントントンと打たれた時、その短い音の連続だけでもう胸がいっぱいになって、涙がポロポロ流れて仕方がなかった。私の心の中の日本が、鼓の音に押されて堰を切って流れ出したのだ。

石の大聖堂に鼓と横笛が響き渡った。「隅田川」の狂女が悲しみを秘め、自らを律していた。床を擦る小刻みな足取りに、表情を消した面に、そしてほとんど動かぬ白い衣に包まれた体に、悲しみを合体させた。存在の全てが悲しみそのものとなってしまっていた。それでも狂女はじっと抑えて舞った。

「カーリュー・リヴァー」の狂女は叫んだ。悲しみの丈を爆発させ、訴えた。石の舞台で、東と西が向かい合った。大聖堂は、静かに大きく全てを包み込んで、流れる時も、人の感情も、文化の違いも包んで堂々とそこに立っていた。幕間のシャンペーンと苺がイギリス人の心を解《ほぐ》して、日本の中へと溶かした。

リヴァプール大学で文学修行

私の第二の本格的な英文学修行がリヴァプール大学で始まった。一九九一年十月のことである。もう四十代の半ばに差しかかっていたけれど気にしなかった。ちゃんとした文学研究者になりたい一心であった。私のとったコースは「ヴィクトリア朝文学」の修士課程であった。日本でずいぶん前に修士課程を修了していたけれど、それも気にしなかった。イギリスの大学の修士課程は、フル・タイムの学生は一年で、パート・タイムの場合は二年で終えるのが普通である。

この一年は私にとっては想像もしていなかった大変な一年となったのである。このコースを中心になって動かしているのは二人の先生で、他に五、六人の先生方も手伝ってくださった。一人はケンブリッジ大学出身のフィリップ・デイヴィス先生で、いつも黒のヴェルヴェットのジャケットを着て、鋭い目で私たちを見つめておられた。デイヴィス先生は大変怖い方であった。でも、私たちを引き上げようという一心で教育に懸けておられた。凄まじい迫力であった。もう一人は、ブライアン・ネリスト先生であった。針金のように細くていらっしゃって、それは文学への情熱が全ての脂肪を燃やし尽くした結果ではないかと、今でも信じている。先生は独身で、親友は犬、その犬はセミナーの時いつも先生の研究室の真ん中に静かにお行儀良く座って、文学講義に耳を傾けていた。

学生が十四名この課程に入れられ、人数が多過ぎるので二つのグループに分けられた。七名のグループでこれからセミナーをやっていくことになった。途中で一名脱落、六名になってしまった。一週間に二つずつセミナーがあり、第一週はギャスケルの『妻たち、娘たち』、第二週はチャールズ・ディケンズの『デイヴィット・コパーフィールド』とA・H・クラフの詩、第三週はシャーロット・ブロンテの『ヴィレット』とジョン・ステュアート・ミルの随筆、『自由論』、それにクリスティーナ・ロセティの詩、第四週はエリザベス・ブラウニングの詩とブロンテ姉妹の詩、第五週はオリファント夫人の自伝、第六週はディケンズの『リトゥル・ドリット』とトマス・ハーディの『カスターブリッジの市長』などと毎週毎週続いていったのである。

日本にいる時は一冊の洋書を読むのに一カ月、あるいはそれ以上の時間をかけていたというのに、ここではこれらの大作を毎週二冊ずつこなしていく。しかも六名のグループなので、一人ひとりの責任が重い。私たちに課されたことは、これらの作品を読んで、自分が一番心に残った箇所を一つ、二つ選んで、それを基に自分で物語を再構築することであった。セミナーでは、六名が順々に自分の意見を披露していく。皆食い入るように聞いている。

この作業は私には耐え切れないほどの頭脳の重労働であった。でもやるしかなかった。主婦になった私にとっては、家事は義務である。家事以外はいつもただただテキストを読み続けた。週末の散歩も、ホリデイもディナー・パーティも全てストップした。睡眠時間を削って読みに読んだ。

その上、一カ月に一本はセミナーのリポートを四千字分書いて提出しなければならなかった。一度こういうことがあった。第六週目、『リトゥル・ドリット』と『カスターブリッジの市長』の二つを一週間でこなすのは絶対に無理であった。『リトゥル・ドリット』を捨てて、『カスターブリッジの市長』だけはなんとか読み上げた。『リトゥル・ドリット』のセミナーの時、私はなにも言えなかった。するとデイヴィス先生が怖いお顔で、「ハルミ、読まないでセミナーに来るくらいなら、出ない方がましだよ。今度から読まないでセミナーに出席することは許さないからね」とお叱りの言葉がハンマーで頭を殴っていった。セミナーの後、私は意気消沈し、身の置き場もないくらい恥ずかしくて苦しくて、どうしようもなかった。

第九週目はテニスンの『イン・メモリアム』とハーディの『無名のジュード』であった。私はぎりぎりまで『無名のジュード』を読んでいた。マンチェスターのオックスフォード駅でリヴァプール行きの電車を待ちながら読み、電車の中でも読んでいた。その時は電車が十五分ほど遅れてしまったので、走ってセミナー室に入った。大慌てで鞄の中から取り出した『無名のジュード』のテキストが、中央部分三分の一ほどなくなっているのに気づいた。もうディスカッションが始まっていたのだ。その時、怖いデイヴィス先生が、「ハルミ、そのテキストどうしたの。ぼろぼろになってしまっているじゃないですか。ちょっと見せてごらん」と言って、手に取られた。辞書を引いた後、色々の書き込み、赤線があちこちに引かれている、ずたずたになるまで「闘った」テキストを両手に取られて、興味津々とご覧になった。そして満足げににこりと笑われて、ご自分の本棚から『無名のジュード』を出して、「これをお使いなさい」と言ってくださった。

このコースが始まって半年は図書館に行くことを禁じられた。自分で考える訓練をするためだった。他の批評家の書いたものをじゃんじゃん引用すれば、リポートだってかなり楽なはずだった。でもそれは禁じられた。

リポートに厳格な評価点が付けられて戻ってくる。私は、リポートの右端、左端、また上部の空いた所にそれこそいっぱいのコメント、修正、先生自らの挿入文が書き込まれているのに唖然とした。それを何度も繰り返して読み、いかにパラグラフを構成し、それを次のパラグラフと関連付けていくのかを教えられた。

十五週の長い、重労働のセミナーがやっと終わった。このコースの後半は、いかに図書館を活用するかを仕込まれ、それぞれ自分で論文のテーマを見つけて、論文書きに集中することになった。私の指導教官は、希望通りにネリスト先生になった。二週間に一回書いたものを前もって送っておいて、シューパーヴィジョン（個人指導）の日にそれについて助言を受けたり、こちらの意見を述べたりした。ネリスト先生の教師としての献身ぶりには頭が下がった。私も日本にいる時は教師だったし、一九九〇年からマンチェスター大学の科学学部に日本語講座を開設するよう依頼され、そこで教えていたので、「教える」ということについて少しは知っているつもりであった。だから、良い学生になりたかった。

私は書くということについては、ネリスト先生から学んだと信じている。先生の赤インクや黒インクでいっぱいになった私のリポート用紙が、その証拠である。いくら感謝してもし足りない気持ちである。私の論文はジョージ・エリオットとエリザベス・ギャスケルを比較、対照するものであった。エリオットの『ロモラ』とギャスケルの『シルヴィアの恋人たち』、エリオットの『フロス河畔の水車小屋』とギャスケルの『従妹フィリス』の比較、対照であった。作家からの引用をすると、ネリスト先生からはよく「引用したら、引用した分の代価を払わないと駄目だ」と言われた。学生たちの間でも「ペイ・フォー・イットゥ」が合言葉になるほどであった。つまり引用するのなら、それだけの正当な理由、鋭い自らの分析が伴わなければ意味がないということなのだった。引用文の裏の裏の深い層まで穴があくほど見つめ、考えを掘り下げるよう訓練された。これが私にとっては一番の収穫であった。

数年後に、マンチェスター大学でトマス・ハーディに関する学位論文を書いた時の指導教官、マルカム・ヒックス先生はネリスト先生とは対照的だった。それが私が独立独歩で進む良い訓練となった。マルカムはリポート用紙には、独創的アイディアがある所だけ「レ」のマークをつけてくださって、後は駄目だから書き直すようにと言うだけだった。しかし、マルカムの寡黙の中から発する一言、二言が見事に要点を射るのだった。ある時、先生の一言が、的を射ったたった一言が、私を図書館に走らせ、論文の一章全体の構成を大きく変えることになったこともあった。めったに誉めることのないマルカムが、一つだけ誉めてくださることがあった。「ハルミ、君の引用分析は大変独創的だよ。これは君の強さだよ」と言ってくださった時には、天にも昇る気がした。「ネリスト先生のご指導の賜物に他ありません」と心の中で呟いていた。

このように、リヴァプール大学の修士課程は見事な構成を持ち、厳格な指導者たちが献身的にこの迷える羊たちを導いてくれたのである。卒業式の前には、フィリップ・デイヴィス先生が十三名の学生一人ひとりに手紙を書いてくださって、論文の学内審査官のコメント、学外審査官のコメントと合わせて、先生ご自身のお祝いの言葉を添えてくださった。

この大変な、長い一年間を過ごした後、私は英語の本を読んだり、新聞を読んだりしているのに、これが日本語であるかのような感じがして、もうあまり外国語という違和感がなくなってきているのに、ふと気づいたのである。

ジェニィ・ユーグロウ、ギャスケル伝出版

書店、ウォーターストーンズの招きで、ジェニィ・ユーグロウが、出版したばかりの『エリザベス・ギャスケル――物語を作る癖』という題のギャスケルの伝記について語り、宣伝をするためにマンチェスターに来た。元々は出版社で編集の仕事をしていたのだが、ジョージ・エリオットについて書き、今度はギャスケルに研究を移して、大きな作品に仕上げた。このギャスケル伝を超える伝記はまだまだ容易に出ることはないだろうというのが大方の見方である。小柄な女性で、黒い髪をして、笑った目も鋭く光っていた。黒のぴっちりしたタイツにジャケットを羽織っただけの気軽な服装であったが、語り口は真面目そのもので、ギャスケルへの傾倒振りを示した。

お話の中で、二つのことが大変印象に残った。一つは「ギャスケル夫人は、ほとんど無差別にと言っていいくらい（プロミスキュアスリィという言葉を使った）全ての階層の人々と人間関係を持ち合った」ということである。確かにギャスケルの作品を読むと、心が温まって、優しい気持ちにならずにはおれないのだが、それはこの作家の人間愛から出ているものであろう。

もう一つは、「ギャスケル夫人の強さは、自らを全てのものに投げ出した」ということである。『メアリィ・バートン』の中で、社会の最下層にある人々がいかに苦しんで生きているか

を、共感を持って描写するキリスト教的社会主義者の一面を覗かせながら、他方美しい服や帽子にうっとりしてしまう中産階級の俗性も持ち合わせている。

ダービシャーに一六八七年から一七〇五年にかけて建てられたデヴォンシャー公爵の大邸宅、チャッツワースがある。一〇〇〇エイカーの敷地にはケイパビリティ・ブラウン設計の庭園があり、ダーウェント川を裏に望みながら堂々と立っている。ナショナル・トラストの管理の下で一般公開されてはいるが、公爵家の住まいでもあるので、全てが公開されているわけではない。

現在の公爵夫人が自らギャスケル協会員を特別に案内してくれて、ある客室に通された。ここにギャスケル夫人が客として泊まった時、淡いクリーム色のサテン地に美しい色取り取りの花模様が絹で刺繍されているどっしりとしたカーテンがフォー・ポスター・ベッド（四本の柱に天蓋、カーテンの付いたベッド）の周りに下がっているのを見て、「まるでシンデレラになった気分がする」と言って喜んだという逸話を、この時初めて耳にした。これもギャスケル夫人の一面である。この世に存在する全てに興味を示したのである。私はギャスケル夫人のこの事実に大変惹かれる。

サッチャー前首相、チャリティ・ディナーに来る

前首相マーガレット・サッチャー（後にバロネス〔女男爵〕という称号を受ける。従って正式にはバロネス・サッチャー）が、マンチェスターのディーンズゲイト通りにあるラマダ・ホテルにチャリティ・ディナーの主賓として来るということだったので早々に切符を購入していた。

彼女が一九九〇年十一月に劇的辞任を余儀なくされて以来、イギリスはなにか騒然としていた。マーガレット・サッチャーはイギリス人を物欲に取憑かれた国民にしてしまったとか、大学を破壊してしまった張本人と非難される一方、ウィンストン・チャーチルと並ぶ大政治家に対して、なんということをしてしまったのかという無念の声とが入り混じっていた。そんな中で彼女は黙々と『ザ・ダウニング・ストリート・イヤーズ』（『首相官邸での歳月』）の執筆に当たっていたらしい。

その本が出版されて間もない時であった。正装して来るように、特に男性は礼服に黒の蝶ネクタイをしてくることと言われていたので、私は久し振りに着物を着て出かけた。実は、夫はサッチャー前首相の手荒い大学改革に不満を抱いていて行きたくないと言ったのだけれど、私は好奇心から絶対に出かけてみたかった。それに夫がトーリィ党（保守党）の支持者というこ

とはよく分かっていた。ラマダ・ホテルに入る時には、左翼の活動家たちがやじを飛ばしていた。中に入るとロビーでは期待と興奮でむんむんとした雰囲気だった。

四コースのディナーが終わって間もなく、紺色のパワー・スーツ（成功を収めた女性が着るかちっとしたスーツ）に身を包み、左肩下にダイアモンドをあしらった丸い形の大きめのブローチがきらきらと光っているサッチャー前首相が、立ち上がった。二十分の予定だったスピーチは一時間近くにも及んだと思う。一番印象に残っているのは、イギリスへの情熱的なまでの愛国心であった。他に誰が、これほど雄弁に、その語の最も純粋な意味での愛国心を表現することができるだろうかとさえ思った。自分自身を愛せない者は他者も愛せない。自国を愛せないで、他国を愛することはできない。国際社会も協調もまず土台は自国への愛があってのことである。「愛国心」という言葉が、歴史の歪みの中で醜い表現になってしまった今では、改めて本来の意味を回復する時を待ち望みたいと思う。皆熱気に包まれ、割れるような拍手を贈った後、主催者が出版されたばかりのその本を皆に手渡してくれた。その後、サッチャー前首相の前に一人ひとりが出向いて、一言、二言交わして本に署名をしてもらった。

A・S・バイアットとアイリス・マードックのペン

本屋、ウォーターストーンズの招きで、A・S・バイアットが近刊の短編集『マティス物語』について語った。本屋の二階の文芸セクションの部屋で三、四十名の聴衆を前に、高いストゥールに少し座り心地悪そうに腰をかけ、ホワイト・ワインと水を代わる代わる飲みながら、静かにお話をした。

濃紺のワンピースに黒のタイツ、黒の靴、黒の大きめのショールダー・バッグを足元に置いていた。髪は大きなウェーブのかかったショート・ヘアで前髪が額を隠していた。

あのように何気なく人前で話せるということは、どういうことなのであろうか。自信ありげに自己表明するのとは全く異なる。淡々とした語り方だった。きっとあのように自然でいられるのは、一人の時も人前の時も、いつもじっくりと同じように考え、見つめ、観照し、自分を作り上げてきているからであろうか。ぎらぎらとした欲望も感じられない。西洋人形のようなくるくるした大きな目はぱっちりと見開かれ、光っていた。白い、ふっくら、すべすべした肌は若々しく、微笑むとえくぼができた。

聴衆の中から出された「バイアットはワープロ派なのかペン派なのか」の質問に答えて、断然ペン派だと主張した。バイアットが（今は亡き）アイリス・マードックをお宅に訪ねた時、マードックは自分のペンをバイアットに見せ、「このペンが擦り切れるまで書く」と言ったそうである。バイアットは「ワープロは文や節を移動したり、入れ替えたりするので文の流れが止まってしまい、嫌なのです」と言い切った。

マンチェスター大学の昼休み

夏休みで、マンチェスター大学の図書館はいつものようには混み合っていなかった。シニア・コモン・ルームのバーもいつもよりずっと静かだった。ジョンと、サンドウィッチとビールの軽いランチをとった後、ティー・ルームに移った。するとジョン・ポンソンビーとエメレス・エヴァンズが私たちのテーブルに向かって移動してきた。

ポンソンビー氏は最近フィンランドでの学会を終えて帰って来たばかりと言った。エメレスはドイツで、ケルト文化と言語の講演をして帰ったばかりと言った。エメレスはドイツでの経験を話してくれながら、「ある学者の家族の所にお世話になったので、お返しに森の真ん中にあるレストランでの食事に招待したら、途中でものすごい雷に遭い、初めて叫び声を上げたよ、怖かったよ」とチャーミングな姿に劇的表情を添えて語ってくれた。

シニア・コモン・ルームに来るとこんなふうに楽しい話がいつも聞けるのである。ジョンはシニア・コモン・ルームで異なった専門分野の研究者たちがそれぞれの話をしてくれるので、ここそ大学の醍醐味が経験できる所といつも言っている。ジョンの専門は物理学であるにもかかわらず、歴史にも、考古学にも、音楽にも、生物学にも強い興味を持って関連する様々の本を読むのも、もしかしたら大学のシニア・コモン・ルームにその源泉があるのではないかという気がしている。だから私もランチ・タイムがもっと長ければいいといつも思ってしまう。

夏の真っ盛りの夕べに、リチャードとアヴァリルからディナーに招待された。お二人はジョンの数十年来の親友であり、リチャードと夫はマンチェスター大学の同僚である。ワインと淡い杏《あんず》色のベゴニアの鉢植えをピンクの和紙に包み、金のリボンで飾って持参した。

裏庭から入って、庭で食前酒を飲みながら、今を盛りと咲いているサフィニアがハンギング・バスケットから雪崩落ちている様を楽しみ、大樽に植えられたホスタの生育振りも愛《め》でた。手作りの風鈴も良かったけれど、パティオに置かれた大小の石も良かった。「コーンウォールの海辺で集めてきたのだよ。ハルミの魔法の手で禅寺の石のように並び替えてくれない」とリチャードが言った。イギリス人は日本庭園に大変興味がある。私の家の小さなホールにも、ウエストウォード・ホーから持って来た灰色に白い筋の入った滑々した石を大小取り合わせて、その上に柄杓を置いている。日本が遠くないようにと思って。

ディナーのテーブルは夏仕立てで、テーブル・クロスと揃いのナプキンも白地に淡いグリーンの縞が入っている涼しげなものであった。芸術家同士のカップルなので、室内装飾も、テーブル・セッティングもいつも素敵である。

前菜はグリーン・アスパラガスにバター・ソース添え。大きな鉢いっぱいに盛られていた。アヴァリルは主菜に目を向けながら、「ベッドの上であれこれとレシピを探していたら、良いのが見つかってこれに決めたのよ」と笑った。それはハリボットという大ぶりの切り身魚にサルサ・ソースをたっぷりかけたものだった。

サルサ・ソースはトマト、セロリ、きゅうり、赤ピーマンをみじん切りにして、黒オリーブやケイパーを混ぜて、エクストラ・ヴァージン・オリーブ・オイルとレモン汁、塩、胡椒で味付けをしたものだ。取り合わせの野菜は茹でた新ジャガイモ、人参、コリフラワーだった。

デザートはチョコレート・ムースを小型のアール・デコのコーヒー・カップに入れ、勇ましい男の子の元気のいい腕のように二本のカールした煎餅が立ててあり、周りに並べた苺が彩りを添えた。チーズは先週のオランダへの講演旅行から持ち帰ったものらしかった。さらっとしていて、岩塩のような細かい粒状のものが舌に当たり、私には珍しいチーズだった。市販されておらず、オランダの小さな村のチーズ製造所でだけ手に入れることができるというものだった。

コーヒーはこれまた、コロンビアへの講演旅行の土産らしかった。リチャード・ニーブは今売れっ子のメディカル・アーティストなのだ。頭蓋骨を修復して顔を復元する「フェイシャル・リコンストラクション」の先駆者として世界をリードしている。なんと言っても彼は、考古学者のジョン・プラーグと一緒に、タイムズ紙の一面を写真入りで飾ったのだから。紀元前八世紀頃の小アジアの国フリジアの王、キング・マイダスの顔を復元したニュースであった。今、トルコの首都アンカラの博物館に置かれている。そのコロンビアからのコーヒーは、こくのあるものだった。この後、皆いい気持ちで二階の居間に移り、明かりも落としてぽつり、ぽつりとおしゃべりした。

この日は彗星が木星と衝突するというので、ジョンが天体望遠鏡を持参で出かけ、皆で覗いてみたけれど、なんの変化も見られなかった。

イギリス南部、ドーチェスターで開かれているトマス・ハーディ国際学会に、フル・メンバーとしてではなく、講義だけに顔を出す形で初めて参加した。朝の講義にジリアン・ビア（ケンブリッジ大学の大物で、後にデイムの称号をエリザベス女王から授与された）が予定されていた。長い髪をアップにし、茶色のスカートに長い茶色のコートをまとって、イギリス的しどけなさが魅力になる程度にしどけなく、柔らかく、背の高い、ふっくらとした美しい姿で壇上に上がった時には、圧倒された。

口を開くなり、美しい、てきぱきとしたものすごい早口の英語で、要点をぐんぐんと押していくのだった。劇的効果さえ感じられた。トマス・ハーディの「ヴォイス」（声）の、特に「永遠」を考える際の重要性を語りながら、女優さながらにご自分の「ヴォイス」も演じられた。学術的講義がこれほど人を魅了するということは、注目に値する。

チャーミングなピーター・アクロイド

ピーター・アクロイドが『ダンリーノとライムハウス・ゴーレム』という「寓話半分、冒険談半分のゴシック・コメディ」を出版した。十九世紀ロンドンの都市の貧民を描出しつつ、今やロンドン史家としての名声を確立しつつあるピーター・アクロイドが、この本でまたまた面目躍如たるところを見せているというのが大方の見方のようである。

タイムズ紙の書籍の欄によると、「『ダンリーノとライムハウス・ゴーレム』で二つのロンドンが描出される。一つはミュージック・ホールと都市の貧民のロンドン、もう一つは、大英博物館の図書室のロンドンである。この図書館ではカール・マルクスやジョージ・ギッシングなどが毎日毎日並び合って都市の貧民について読み、書くという労苦を続けている」。

ダンリーノは、一八八〇年のロンドンで「この世の中で最もおかしな人」と異名を取ったほどで、ロンドンのイースト・エンドのミュージック・ホールを満員にしていたコメディアンであった。その彼が殺人事件に巻き込まれ、結局正体不明の霊「ゴーレム」が犯人と分かるという筋書きらしい。

そのアクロイドがマンチェスターの本屋に来るというので、出かけて行った。丸顔に丸い体、少し皺のよった麻のクリーム色のジャケットを着ていて、汗が顔中に滲み出ていた。

ロンドンのことならなんでも知りたいと言い、特にロンドンの歴史の魔力に取り憑かれている様子であった。今書きたいと思っているのは、ロンドンのヴィジョナリィ（想像力に溢れた人）を次々に拾い上げて書いていきたいというのである。もうすでにチャールズ・ディケンズについては書いたし、この後でウイリアム・ブレイク、トマス・モアと次々に書いていくことになった。

彼の書斎は庭の端にあって、そこには資料が何平方メートルにもわたって積まれ、機械的にと言っていいくらい、それらの資料を駆使して、次から次に書いていくらしい。毎朝どんなことがあっても六時に起きて書き始めるということだった。後の質問のセッションの時に、私は思い切って尋ねてみた。「なぜ、そのようにしてまで書かれるのですか。書くことによる不死を目指していらっしゃるのですか」

ピーター・アクロイドは、「まるであなたは私の審判官みたいですね」と言って笑いながら、「これが私の仕事ですから、きちんと仕事として規律をもって書いているだけですよ」と答えた。

この時から二年後、タイムズ紙の記者とのインタヴューが新聞に載ったが、そこでは謙遜して、「自分は立派な作家とは思わない。どちらかというと変人なのですよ」と言っていたが、変人ですまされる作家ではない。記者は、「アクロイドのヴィジョンは壮大なものというより他にない」と書いていた。

「ロンドンという都市で、私は自分自身を、そして想像力の風景を探るのです」と言う通り、「現実の向こうに模糊としてはいるが、確かに存在する幻想、神秘といった不合理の世界の地図作りに専念している」作家なのだ。

本屋のマネージャーが楽しかったですかと聞いた時、私は「はい、大いに楽しませていただきました。ピーター・アクロイドはチャーミングな方ですね」とつい口を突いて出てしまった。二年後に読んだタイムズ紙の記者も「チャーミングな人」と表現していた。

イギリスの「北」と「南」

ここのところいい天気が続いている。イギリスにいて夏らしい日がこれほど続いたのを覚えていない。半袖のブラウスをこんなに続けて着たことはないと思う。

ジョンを送り出して、庭を一回り巡回する。薔薇の様子をチェックして、あまりによく咲いてくれているのに感謝を示し、お礼に「プラント・フード」を水に溶かしてしっかり与えた。枯れた薔薇の頭をカットしていると、元気良く颯爽と裏庭に面したプロムナードを歩いていたご婦人が、「グッド・モーニング」と歯切れ良く、耳に心地良い英語で挨拶をした。

イギリスでは人が一文を口にしただけで、その人のバックグラウンド、教養、人となりが全

ソルフォード・キーズのプロムナード

て明らかになるとよく言われる。彼女のアクセントは「南」のものだった。私もひょっこり頭を上げて、「グッド・モーニング」と挨拶を返した。また、しばらくして折り返して来て、「この辺り素敵ですね。散歩するのにちょうど良い所だこと。私これから西インド諸島対イングランドのクリケットの試合をオールド・トラフォードに見に行くところなのよ。その前にちょっと散歩しているところなの。このソルフォード・キーズがこんなに良い所とは知らなくて、知っていたらこちらに来る度に歩いていたのに」とおしゃべりをし始めた。

「あなたはどこのご出身ですか。英国でお生まれになったの」と聞いた。

私は、「いえいえ、日本で生まれました。六年ここに住んでおります」と答えた。

「あなたは北の方お好き」と私に聞いた。

「ええ、とても。マンチェスターは活気があって、とても面白い所です。誰かも言っていたようにマンチェスターはイギリスのおへそで、ここを中心にどこへでも足が延ばせます。それに車で四、五十分も走れば田舎が楽しめますから。ピーク・ディストリクト、イギリスの背骨とも言われているペナイン山脈、ダービシャー、スタフォードシャー、チェシャーと美しい所がたくさん楽しめます」と、マンキューニアン気取りで宣伝をした。

私は「ただ、夫は南で育ったので、北を嫌っています」と付け加えた。

ラヴェンダー色の透明のオーガンディのブラウスを風になびかせて、てきぱきと美しい英語で話し、人の心を摑まえるのが自然に身についていて、礼儀正しいこのご婦人にイギリスの「南」を見た。イギリスというよりイングランドの「北」と「南」は過去から互いを異なった存在とみなし、時には嫌悪してきた。「北」は産業革命の発生の地となり、物を製造してきたし、それに従事する産業労働者階級を生み出してきた。「南」からすれば野卑な所かもしれない。イングランドの「北」と「南」を考えてみなければならない。

モールス信号のリズムで書くアラン・シリトウ

マンチェスターのウォーターストーンズ本屋に『長距離走者の孤独』という本で有名なアラン・シリトウが来た。どんな方かとわくわくしながら待っていたところ、準備の良い先生のような感じで、大きなベージュ色のキャンバス・バッグを抱えて現れた。少なくなりかけている灰色の髪を、きちんと左側で分けている。薄茶色のスーツに、白いハイネックのシャツ、濃い茶色の靴という出で立ちであった。中肉中背、丸顔にまだ若さがいっぱい残っている。

最前列に座れたせいで、シリトウの姿がよく見られた。手が体の割合に比べて大きく、太い骨でできているのが印象的だった。よく働いた手なのだろう。声は少しかすれたような感じだが、涼しげに響く音でもある。

モールス信号をロイヤル・エア・フォース（王立空軍）に入隊した時に習ったらしい。その信号のリズムが自分の中に染み込んでいて、物を書くようになってから、そのリズムが言葉の下に流れているのを意識するようになったそうだ。また、モールス信号から入って来る内容に刺激を受けて、それを主題にして書くことも多いと言った。モールス信号で受けた「霊感」で書いたという詩も披露してくれた。

五十名ぐらいいた聴衆全体に聞こえるように、はっきりとゆっくりと大きな声で話した。この方は物を書くように生まれた人なのだと思いながら、お話に聞き入った。物心がついた時から、いつも読み、書いていた人なのだ。土臭い、写実主義者である。鶏にまつわる短編小説の一部を読んでくれた時、あまりに強烈な写実主義で身震いがした。物を想像のオブラートで包まず、逃げず、真正面から見ることのできるその力に圧倒された。

パイプを吹かしながら、新しく出た自叙伝にサインをしてくれた。丸い目が鋭く、愛らしく、悲しく光っていた。

見るということ

朝少し霰が降った。昼になると日が照ってきたので、大慌てで庭のジェラニュウム十株ほどを、長方形の二つのプランターに植え替えて二階の出窓に置くことにした。これで霜枯れから守ることができる。春になったらまた庭に戻せばいい。

午後、ソルフォードのクロス・ストリートにある郵便集配センターに、母からの小包を受け取りに出かけた。こうしていつも、私がどこに移動しても、私のいる所に母からの荷物が届く。梅干、海苔、出し昆布、ちりめんの佃煮、和菓子などが入った箱が空を駆けてやって来る。夫は「日赤救援物資の到着」と言って笑う。歩いて十五分ほどの所なのに、行きは雪が少し舞っていると思っていたら、帰りには頻りに降り始めた。家に着いた時には、スカーフもコートも頭も雪の小粒で包まれていた。

帰途、我が家のすぐ近くにある四階建ての煉瓦造りのフラットの横に立っている高い黒の鋳鉄のランプの周りで、雪が速度を速めて舞い狂っていた。辺りは静まり返っている。人一人として歩いていないのに、目をランプに向けると雪のめまぐるしい活動が、辺りの静寂と対照を成していた。私はしばらく立ち止まってじっと見つめていた。どのように静寂に見えても、いったん自然の動きの一点にスポットライトを当ててみると、そこではものすごいスピードとエネルギーで物や生物が活動しているのが見えてくる。

もし今、ひっそりと静かに枯れたように立っている木も、その樹皮の内側を覗いたら、樹液が上に下にとエネルギッシュに流れているだろう。私の体の中でも、この生命を支えるためにそれぞれの器官が大活動をしているだろう。

ランプから目を離すと、雪は静かに芝生の上に、前の運河の上にと降りていた。本当に静かに。

BBC2の画面に、強いスコットランド訛りで矢継ぎ早に話し続けている、いい顔をしたジャニス・ギャロウェイという女性が、自然体で気取らず現れた。彼女は今年度最高のスコットランド作家に選ばれたので、テレビで横顔が紹介された。

彼女は物に徹底的にこだわる。缶詰のシーンは気持ちが悪いほどだったが、鋭い観察力に脱帽した。ただ、この物体への観察力はどこへ繋がっていくのだろう。精神の内部への観察力と繋がっていかない気がした。その点で不毛感が拭えない。しかし、日常の物、出来事をあれほど集中して「見られる」のは力だと思う。まるで顕微鏡を持ち歩いているみたいだ。

私に「見る」ことを教えてくれたのは、芸術家ご夫妻のリチャードとアヴァリルだった。毎年二人はホリデイにキャラヴァンを車の後ろに付けて、コーンウォールに出かける。ホリデイから帰って、コーンウォールは楽しかったかどうか尋ねた私に、アヴァリルは、別になにかを特別にしたというわけではないけれど、心から楽しかったと報告してくれた。

二人はただ浜辺に座って、鷗や他の鳥が水辺に飛んで来ては、すごい宙返りを見せてくれる様子、水の中に飛び込む様子、飛び立って行く様子をただただ眺めて時を過ごしたらしい。こうして浜辺で一日中水の様子を眺め、鳥を見て過ごしたと言った。

私がずいぶん前に、熊本の鶴屋デパートの古書籍フェアで見つけた三枚続きの木版画を額に入れて、いわば「トリプティック」にしてホールの壁に掛けていた。それは「里の花廓の賑」という題の揚州周延筆による版画で、吉原界隈の桜の木の下を遊女が着飾って歩いているところである。その遊女の内掛けの裏地が翻って見えるのだが、白の地模様が浮き上がっている効果を見せるために、浮き出し模様に仕上げているのであった。当の私さえ注意を払って見たこともない細部まで微に入り細に入って観察して楽しんでいたのは、アヴァリルであった。私をホールまで呼んで、その技法を賞賛するのであった。

今夜は、ジャニス・ギャロウェイが、改めて「見る」ことを促してくれた。非常な力で想像力を刺激してくれた。

フリー・トレイド・ホールで最後のメサイア

マンチェスターのセント・ピーターズ広場に面してミッドランド・ホテルがある。これは赤煉瓦の偉容を誇る建物である。一般に「レイルウェイ・ゴシック」と言われている様式である。ヴィクトリア朝に世界に先駆けて鉄道が敷設された時、大都市の駅にゴシック様式を取り入れたホテルが次々に建てられたためこう呼ばれている。

シャーロット・ブロンテ（一八一六−五五年）の父親が白内障の診察を受け、手術（当時は麻酔なしで）をしてもらうことになった眼科医のウィルソン医師もこの辺りに住んでいたし、ブロンテ自身もこの医師のお世話でここからそれほど遠くない、現在マンチェスター大学の裏にあるマウント・プレザント八十三番地に五週間以上に及んで投宿したのである。だから、おそらくシャーロット・ブロンテもこの辺りを歩いたに違いない。ついでにあの有名な『ジェイン・エア』はこの投宿先で取り憑かれたように三週間ほどで書かれたのである。ミッドランド・ホテル界隈は、まさにヴィクトリア朝の輝かしい亡霊たちが、まるで綺羅星のように行き交う場所である。

このミッドランド・ホテルのロビーでコーヒーを飲みながら時間を調整して、隣にある「フリー・トレイド・ホール」に向かった。ここで長年にわたって演奏されてきたヘンデルのメサイアも今日が最後の演奏となり、来年からは新築のブリッジ・ウォーター・ホールに移ることになっている。

「フリー・トレイド・ホール」もマンチェスターの歴史を彩った建物で、一八五三年に創建され、「反穀物法」闘争にちなんで付けられた名前である。ここでは公開講座、集会、コンサートなどが行われてきたのである。現代では、ハレイ・オーケストラの本拠地になっていた所でもある。

この「フリー・トレイド・ホール」のロビーには大きなクリスマス・トゥリーが金色や赤のリボンと赤の飾り玉で華やかに装飾されていた。コンサート・ホールに入ると上段にはすでにハレイ・コーラスのメンバーが百名ほど座っていた。女性は緋色のドレス、男性は黒の蝶ネクタイ、黒のスーツであった。

ジョンは横で「メサイア」の楽譜をめくりながら聞き入っており、壇上からは音が滝のようにどっと私の前に流れ込んできた。ものすごい勢いである。ものすごい迫力である。そしてキリストが誕生した。ジョンは、トランペットではなくホルンが使われたのは残念だったと頻りに悔やんでいたけれど、今夜はクリスマスの祝祭の季節の良い序章となった。

ウィーンの春の音

今日は一月六日、クリスマスから数えて十二日目、十二夜、エピファニィの日で、東方の三博士がキリストの顕現を祝った日である。従ってこの日までクリスマスのお祝いが続く。私は夕方になる前に、ちょうど雛人形を片付けるように（と言っても、私の雛人形は子供の時、母がボール紙で作ってくれた美男、美女なのだが）クリスマス・トゥリーの飾り付けを外し、箱に収めて屋根裏部屋へしまった。暖炉の上のマントロピースの上にも、本棚の至る所にもいっぱいに飾られていたカードを、もう一度メッセージを読みながら一枚一枚取っていった。十二月の初めからずっと、ほとんど一カ月近く毎日見続けてきたので、すっかり目に焼き付いてしまった。束にして屋根裏へしまうと、クリスマスの気分が一瞬にして部屋から消えていった。それでも両親や恩師や友人の温かい思いがほっかりと心の中に残っている。

十二夜の翌日、フリー・トレイド・ホールで開かれる「ウィーンの夕べ」コンサートに出かけた。指揮者の真っ白い手が、まるで鳥がふわりと水に降りて来るように、時には獲物に目を据え、空中でバランスを取りながら、羽を静かにはたはたと小刻みに動かしているように、また時には白鳥が両翼をふんわり膨らませて、大きく羽を広げる直前のように空中に美しく動く。指揮棒を持たない左手が、まるでバレリーナの足の表情のように、しなやかにうな垂れる細い長い首のように、美しく、美しく動く。その左手が、全てを語る人の顔の表情のように、豊かなメッセージを演奏者に送る。そしてなによりも、誰よりも指揮者自身が音楽を喜んでいる。その白い左手が音楽を奏でている。コンサートの初めから終わりまで、この指揮者の鳥のような左手に、私は全く魅了されてしまった。

春を迎えるウィーンの音が、そよそよと吹く風が花びらを揺らすような優しい音となったり、緑の野を生まれたばかりの子羊がよちよち歩きしながら、時には坂をころころと転げるような愛らしい音となったり、雪解けの水が勢いよく川を下っていく力強い音となったり、春の嵐のような凄まじいチェロの音となったり、桜の古木の枝という枝の至る所で蕾がぽっぽっぽっと音を立てて満開になっているような華やかな音になったり、春の最中に、春が来ればまたそのうちに冬が来てしまうという、陰気な思いにしょんぼりしてしまうような寂しい音となったりして、そんな様々な音が舞台から、風のように聴衆の心に飛び込んでくる。

でも、春には、その只中にいて、その只中にいることだけ喜んで、春を楽しめばいい。そんな気持ちで、ウィーンの音楽を聴いた。そしてこんな弾んだワルツやポルカの音と共に一九九六年を迎えるのは気分が良い。このように弾んだ音で、時を迎え続けていきたい。

今夜は圧倒的にご老人の観客が目立った。きっと若い人よりも数倍も、この春の音を強烈に胸に刻んでいたのであろう。

時差ぼけと日常の憂鬱

日本での休暇を過ごしてイギリスに戻ったばかりで、まだ時差ぼけから回復していない。頭が少しずつはっきりしてくるが、それでもきのうは日本語を教えている会社にファックスを送ろうとしていて、使用中を示す音の繰り返しに、なんと長々とファックスを使っていることかしらと思っていたら、五度目にやっと自分の番号をダイアルしていることに気づく始末だった。

今日はマンチェスター大学から借り出している本二冊が、別の利用者の要請で返却を求められたため大学へ出かけた。オールド・トラフォード橋を渡って、チェスター・ロードに入った所で大工事が行われており、「歩行者通行禁止」と赤の板に白文字で書かれているけれど、人々は歩いている。通ってもいいけれど、事故があったら責任を負いませんよということなのかもしれない。通ってもなんとも言われない。自分の責任で少々危ないことをしているだけという感じなのだ。砂塵が舞い、巨大なクレーンが動き、大きなトラックが行き交う。憂鬱が始まる。

バスに乗った。少し静かな声で「セヴンティ　ファイヴ　ピー　プリーズ」と言うと、苦々しげに「パードン」と聞き返した。若い運転手はチューインガムを噛みながら、冷たい顔で運転を続けた。働き盛りの人や身なりのちゃんとした人たちはこのバスの中にはいなかった。イギリスでは車で動くのが普通といった形で社会が構成されているから、私のように車の運転ができない者は惨めな思いをすることがある。人のいい運転手ならにこりと笑ってくれるし、降りる時にはこちらが「サンキュウ」とか「サンクス」と言うと、「サンクス　ラヴ」などと親しげに声をかけてもくれるのだけれど。今朝の運転手は感じが悪い人だ。そのうち他の車と接触事故を起こしてしまい、二人が話し合いを始めた。陰鬱なバスに乗って、汚れた煉瓦の建物の中を通って行った。

市庁舎の横で、大学行きのバスに乗り換えた。素敵なスーツに身を包んだビジネスマンたちが行き交っている。風景ががらりと変わった。仕立て専門のワイシャツ店が、派手に「ヌーボ・リッシ」（成金）を狙ってショー・ウィンドウを飾っている。ジャギュア（日本ではジャガーと言う）が何台も通り過ぎて行く。なんという風景の違いだろうか。バスが大学に近づき、学生たちの姿が見え始めた。私の憂鬱が急ぎ足で飛んでいった。

ディナー・パーティで頭蓋骨拝見

リチャードの誕生日のディナー・パーティでのテーブルの上であった。食事も終えた後、リチャードが、画家だった母親がデッサンの目的で買い求めていた見知らぬ人の頭蓋骨を、おもむろに立派なネイヴィ・ブルーのビロード張りの箱の中から取り出して、解剖学者のボブに鑑定して欲しいと言った。ボブは「これは年齢五十歳代で、女性で……」と説明を始めた。品定めするように、茶碗でも「拝見」するように両手にしっかりと抱えて観察する。

私はイギリスに来て以来もう何度も何度も頭蓋骨を見せられたので、初めのうちは身震いしていたけれど、だんだん慣れてきた。そう言えば西洋絵画にはヴェラスケスの絵でもオランダ派の絵でも、頭蓋骨が画面のどこかに付け加えられて描かれているものがある。「メメント・モリ」（いずれ死すべきことを思え）である。『ダーバヴィル家のテス』の中でも、まだ十代のテスが、両手を頭に当てて、時の経過と共にいつかは丸裸の頭蓋骨だけの存在になることを予想してみる場面があるけれども、このように西洋人は現実を見据えるのである。事柄から目を逸らさず、現実に対して顔を正面に向けるのである。人間の弱さも儚《はかな》さも、このリアリズムの態度で受け取っていく。

テレビで死体が映し出される時、手術の様子が如実に現れる時、屠殺場の場面が映される時、私は顔を背けたり、目に手を当てて見ないというより見ることができないでいると、ジョンが横で「手を除けなさい、見なさい。現実に起こっていることをしっかり見つめなければいけない。勇気を出しなさい」と注意する。西洋の厳しい目を私はまだ獲得できていない。

物の真最中

昨年の秋に開館したばかりの真新しいブリッジ・ウォーター・ホールでの新春「ウィーンの夕べ」コンサートに出かけた。まだ若い未熟な指揮者がステージに登場した時、正直言って少しがっかりした。前半は聴衆もあまり乗らず沈み気味のコンサートも、後半に入って調子が上がってきて楽しくなった。

私は若い指揮者の真っ白いダブル・カフのアイロンの効いた綿シャツの袖口に、この指揮者のコンサートへの思い入れと、将来への希望を読み取った。純白の綿の袖口が、情熱を込め準備万端でコンサートに向かう意欲を語っている。純白の綿が、ウィーンのワルツを歌い、新春の門出をしたのだ。精一杯の努力をした後では、ただステージの上で神経を最高に研ぎ澄ませて、音の案内をしさえすればいい。そうしたらその春の音が聴衆の心の中で、体の中で踊り出すのだ。

スモーク・サーモンの握り鮨、吸い物、野菜の和え物、茶碗蒸しといった久しぶりの和の夕食を出した時だった。テーブルに着いて吸い物を見るなり、「ああ、これはウィリアム・モリスのパターンだよ」とジョンは言って喜んだ。わかめとかいわれ大根の吸い物の中にウィリアム・モリスの図柄を見つけて、それを表現し、二人でそんな会話を楽しむことができるのが幸せと思えるひと時だった。

風邪の症状がまだ完全には取れなくて、私は咳をし続けている。「いつもうるさい音を立ててごめんね」とジョンに言うと、「ハルミが咳をしている時は、僕も咳をしているのだ。分かるかい。だから心配いらないよ」と何気なく言った。何気ない日常の会話の中で胸がじんとなることが時たまある。人間の感覚は鈍くて忘れっぽいので、改めて言葉で言ってもらうと、分かっているはずのことでも、心の奥に沈んでぼやけてしまっているので、はっと感覚鋭く、感激した過去の状態が沸き上がってくる。

ちょうど食事の後、BBC1で、シューベルト生誕二百年を記念してのプログラムが放映され、ハンガリィのピアニスト、アンドラス・シフがシューベルトのピアノ曲を演奏し、シューベルトを語った。シフとシューベルトがいかにも似つかわしく一つになって、高雅な番組となった。その後、次々とシューベルトのレコードやCDを取り出して聴き、我が家はシューベルトの夕べとなった。

テレビの「自然」を案内する番組で、鳥が空に羽ばたいているのを目にした時、ふと思った。これこそ、今、この過ぎ行く瞬間を十二分に膨らませて、生き切っている姿、物の真最中であることを感じた。花が香りを放っている最中と同じことだ。それではこの鳥の羽ばたきに見合う私の最中とはなんなのだろうか。

ウィスラーの母

昼食をとりながらたまたま「レイディオ・フォー」(BBCラジオ番組の一つ)を聞いていた。ITVのニュース番組のプリゼンターであるジョン・シューシェ氏がベートーヴェンの伝記を仕上げて出版した模様を、インタヴュー形式で紹介するものであった。ジョン・シューシェはベートーヴェンの虜になってしまい、彼のことならなにからなにまで全て知りたいと思ったと言い切った。もともとは三、四〇〇ページの本を書く予定が、どんどん膨らみ、とうとう二巻本にすることに決めたらしい。ところが、さらに膨らんでいって、ついに三巻本になってしまったということである。

自らをベートーヴェンの内側に完全に入り込ませて、ちょうどアーヴィングがヴァン・ゴッホの中に自分を入れ込んで、ヴァン・ゴッホを打ち出し、これがヴァン・ゴッホ伝の決定版になったように、自分もこれ以上のベートーヴェン伝は不可能だと言えるほどのものにしたかったと言った。本の題は墓碑銘から取って『最後の巨匠』にしたと言う。シューシェは、「モーツアルトとは対照的に、ベートーヴェンの一音一音は精神の格闘の軌跡だ」と言った。

「モーツアルトの音楽は自然に流れ出した音楽であり、ベートーヴェンの音楽は奮闘の賜物だ」。お祖父さんの肖像画を死ぬまで飾っていたらしい。いったん父親が質に入れたものを、後に買い取って手元に戻したということだ。

「苦しい最中に、あのように叙情的な音楽が書けたのは驚きに値する。交響曲第五番、六番、九番といった大作は、全て聴覚を失った後にできた。世界一の音楽家だ」と情熱的に語った。

私は非常に感銘を受けた。シューシェの姿勢にまた感動した。そのくらい一つのもの、人に入り込めるということに心を動かされた。これがなくてはなにも始まらないだろう。この情熱というもの。ジョン・シューシェはすごい情熱でベートーヴェンを語り、ベートーヴェンはものすごい音楽を我々に残してくれている。世界中で、人間がくるくる舞をしながら情熱をほとばしらせて、良いものを人間の中に作り、与え、残していく。

フレンチ・ウインドウをいっぱいに開けて、窓辺に椅子を近づけて本を読んでいたら、強い視線を横から感じた。顔を上げると、ジョンが「ウィスラーズ・マザー」と言った。ウィスラーの絵とその場面がジョンの中で一つになったらしい。

「私、そんなにお婆さんに見える」と聞くと、「違う、違う、ポーズと光と陰が全く同じだったから、絵を見ている気になったのだよ」。

自分の中に文学や絵画の蓄積があると、ただのなんでもない光景を見ても、それがきっかけとなって、いつか見たことのある、読んだことのある芸術的に昇華された光景が呼び起こされ、そこでさらに新たな芸術経験をすることになる。こうして人生がもっと彩り深く、豊かになっていく。日常の中に最も崇高な精神や感覚を見出すことができる。

二つの思い出

思い出には二つの種類がある。一つははっきりした体験の思い出、もう一つは体験への憧れ、または夢見たことの思い出である。後者の場合と思うのだが、時々なにかのきっかけでふと香しい、言うに言われぬ楽しい、美しい情景の中に引きずり込まれるのだけれど、それがなにかはっきりと摑めない。それでいて、甘い香りの雰囲気に包まれて、摑めた気がするけれど、なにか摑めていない。幸せな気分になったまま、摑みたくて求めると消えてしまう。そんな思い出が確かにある。実際にある体験をしていながら、それは自分の空想に包まれた体験で、体験そのものは取るに足りなくても、その体験を土台に夢見たその気持ちへのぼんやりした、でも甘い思い出、そんなものがあると思う。そしてそれはすぐに飛んで行ってしまう。

マーティン・ベルと新年昼食会

イギリスのギャスケル協会主催の一九九八年、新年昼食会がナッツフォードで催された。主賓は、チェシャー州タトン地区選出の国会議員、マーティン・ベル氏であった。ベル氏はBBCの戦場特派員の中でも第一級の一人なのだが、一九九七年五月一日の総選挙に与野党どちらにも属さない独立派として出馬を急遽決め、選出されたのである。それも保守党が圧倒的な人気を集めている中産階級の多い選挙区においてであった。長年タトン地区の国会議員であったハミルトン氏が、ハロッズの所有者、アル・ファイド氏から現金を受け取って、国会で彼に有益になる質問をすると約束したことが疑われて大問題になり、このベル氏は汚職を一掃することを旗印に、一期（最長五年）だけと公約して出馬したのである。そして見事に、ほとんど素手で勝利を得た。

ベル氏は白いスーツで有名である。白いスーツが戦場で今までいつも彼を守ってくれたので、縁起を担いで、一歩家から外に出る時はお守りとして白いスーツを着ることが習慣になっているらしい。この日も戦場に向かうわけではないけれど、いつもの白いスーツに身を包んでいた。

昼食の後、ハイ・テーブルの真ん中に座っていたベル氏が文学との関わりについてのスピーチをした。いい書き物はいつもペンから生まれると言い切った。コンピューターだと簡単に挿入できるからどんどん新たに文を挿入して、やたらと長くなると主張する。また、新人ジャーナリストには、コンピューターの前に座ってばかりいないで、外に出て自分の目で見ないと駄目だと諭すらしい。人の書いたものを土台に継ぎ足していくのでは、人を動かす文はできない。いいジャーナリストはしっかりと自分の目で見て書くのだと言った。

今の人の生活は、それ自体がヴァーチャル・リアリティの生活に成り下がってきていると感じる。コンピューター・スクリーンを見て一日中仕事をしている人がものすごい数に上る。もちろんその便利さは認める。それどころかコンピューターなしでは世の中が停止してしまう。ただこのような生活形態の中で、人間が感情を直にぶっつけてみたり、感覚で直に触れて生きていくことが減少してきている。現に、私の周りにも何人もの無感情、無感覚のコンピューター人間がいるのに気づいている。

京都の清水寺に何度足を運んだことだろう。少なくともイギリスに移り住むようになってからは、一年に一回は訪れることにしている。十八回それとも二十回、もしかしたらそれ以上かもしれない。清水寺の正面階段を上った右側にある枝垂桜の美しさに魅せられる。そのほんのりとした香り、淡いピンクの清々しさ、花びらが重なっている所がより濃いピンクになっている華々しさ、高い所にある花びらが雪崩れかかってくるような美に酔う気持ち、これらを肌で感覚として経験する喜びがある。これは去年の花の思い出を辿っても求められるものではない。ましてや最上級のヴァーチャル・リアリティの三次元めいたスクリーンでいくら見せられても、この花に接した時の美に打たれた気持ち、美の包み込んでくる誘惑、周りに振り撒く香りのようなもの、その雰囲気は、花に接しなければ得られるものではない。この弾ける感覚、はっと気づく感覚の喜びを得るために、人は繰り返し桜を見続ける。

この頃、私たちの生活がこの直接性を失っていく不満を感じる。「何々のようなもの」でごまかしていく安直さ、間接性を感じる。電子化された文学作品を、キーをさっと押して飛ばし読みし、必要に応じてキーを押してなにか統計を取って論文にまとめて、文学を論じたふりをしていることもある。こんな時代だからこそ、文学を直にじっくり味わい、手間取って読んでいくことが大切であるのに。そして文学の果たす役目が、こんな時代だからこそより重要視されなければならないのに。

素手で直に感じ取っていく、じっくりと不器用に時間をかける。このような行為から初めて真の文学論が出てくるはずなのに。近道ばかりしていたら、余分なはずの回り道にこそ真の美しい風景が広がっているのを見逃してしまうのに。実は、その回り道に広がっている一つひとつの人間模様に、風景そのものに、文学に接する喜びがあるのに。ひいては小さな余分な所に、生きる喜び、美しさが一つひとつ具体的な経験としてあるという点で、人生そのものにも当てはまる気がするのに。ちょうど、悲劇的な存在の中でも最も悲劇的な登場人物、『無名のジュード』に登場する、子供でありながら老人めいた「リトゥル・ファーザー・タイム」が、一つひとつの経験を踏まえずに飛び越えて、一気に人生の結論を出すのに似ている。

もしかしたら今が一番いい時代なのかもしれない。というのも私の場合ヴィクトリア朝に興味の中心が据えられていて、現在の自分の生活そのものの中に、まだその時代の影響を抱えていると感じられる一方で、現代の技術革新の恩恵も享受しているのだから。それでもこれから先は、全てがあまりにも電子化されるであろうし、人間の感情や感覚が二の次になるかもしれない。このような危機感が本当のものになっていく気がする。

マーティン・ベル、マンチェスター大学の私の指導教官、マルカム・ヒックスも異口同音に、機械を通せば通しただけ結果が薄っぺらなものになると言った。私もペン派のアイリス・マードック、アントニア・バイアットに同調する。そして元「ザ・タイムズ」紙の編集長、サイモン・ジェンキンも同派である。

アラン・ガーナーから「蛙の殿堂」に招かれて

児童作家のアラン・ガーナーと奥様のグリゼルダが私たち二人をディナーに招待してくれた。グリゼルダはもともとロシア出身で、ご先祖はロンドンのオックスフォード・ストリートに多くの土地を所有して裕福な暮らしをしていたらしいが、ご家族のどなたかは忘れてしまったが、その財を浪費し、潰してしまったと、薄暗い居間に掛けられた油絵の肖像画を見ながら話してくれた。その肖像画がどなたなのかは覚えていない。

お宅はチェシャー州の静かな奥まった所にあり、少なくともすぐ近くに他の家が目に入ることはない。古いお屋敷である。お宅の歴史は、十六世紀から続いてきた農家が、自動車道建設のためにその家が壊されることになるのを聞いたアランが、それを丸ごと買い取って、お宅の敷地に移送し、再建築してもらったというもので、なにか日本の城を思わせなくもない大きな木の柱が何本も立っていて、そのまま見える。梁も同様である。空間は広々としている。そこでごうごうと焚き火が燃えていて、煙が喉と目に染みる。大小様々な梟《ふくろう》のコレクションが、そう百近く何段もの棚に並べられていた。火打石もいくつか床に転がっていて、アランはその歴史を話してくれた。考古学にもかなりのめり込んでいる様子である。お屋敷の名は「蛙の殿堂」で、明らかにケネス・グレアムの『柳に吹く風』から取られていた。燃える焚き木の周りでおしゃべりをしていると、蝙蝠《こうもり》が一羽舞い込んできた。

ロング・スカートで優雅に身繕いをしたグリゼルダが、「今日は春分の日です。この宵にご一緒にディナーが楽しめるのはなにか幸先が良い気がしますわ」と言う。

「ね、暗くなる前に私の水仙のスロープを見てくださいな」と言って、庭に私たちを連れ出した。なだらかなスロープ一面が満開の黄色いラッパ水仙で覆われていた。家の中に入ると、「この家は面白いでしょ。気に入ってくださったかしら。さあ、ひと通りご案内しましょうか」と言って、二階へ私たちを通して、一部屋、もう一部屋と次々に説明してくれた。

しばらくしてディナーが始まった。アランが食事をしながら、

「僕の意見ではね、想像からはなにも生まれない。見ることから全てが生まれると思う」と言い切った。やはりイギリス人にとっては「見る」ことが、とても大切なのだと改めて悟った。

この時からずいぶんたって、グリゼルダは私に報告してくれた。「アランの資料を全てオックスフォード大学のモードリン・コレッジの図書館に寄贈したのよ。『英語青年』に載った児童文学の論文でアランに関する部分をあなたに翻訳してもらったでしょ。あれもちゃんと資料の中に入れていますよ。アランの研究をしてくださる時がきたら、いつでもモードリンの資料を使ってね」

ニュートンの林檎の木

夕方五時、リンカン大聖堂から晩禱式の歌が響き渡っている。入口に背の高い細身のアングロ・サクソンそのものの紳士が立っていて、パンフレットをくれた。夕陽が薔薇窓のステンド・グラスの色を灰色の床石に投げかけ、淡い桃色、薄紫色がゆったり揺れて美しい。

しばらくすると天上的な音色の合唱が消え、人々が三々五々聖歌隊席の所から出て来た。するとすぐに長身のすらりとした若者が、スーツの上に灰色がかった水色の長衣を着ていたのだが、その後裾をさっと両手で後ろにはねてオルガンの前に座り、バッハの演奏を始めた。なんとも言えぬ良い気持ちになった。そろりと祭壇近くや、エドワード三世の第四子、ジョン・オブ・ゴーントの恋人だったキャサリンの柩の置かれている所などを歩いて回った。

チャントリィとチャペルがある。一人の司祭に思い切ってチャントリィとチャペルの違いを聞いてみた。

「チャントリィは文字通りチャントする所、つまり祈りを詠唱する所で、祈りを捧げるという意味では同じですよ」と教えてくれた。その後冗談も付け加えた。

「ね、今、向こうの窓のステンド・グラスが夕陽に照らされて、西側が特にきれいでしょ」と言った。

「ええ、色彩の揺らめきを石の床で楽しんだばかりです」と私が言うと、

「時には、会衆の鼻の上にステンド・グラスの赤が映えて、まるでワインを飲み過ぎた人みたいに見えるのですよ」

と応じた。イギリス人にとっては、ユーモアは人生のスパイスのようなものだ。

少しずつ外が寂しい夕方の色無し色になっていき、石畳だけが大きく目に入った。人もまばらに散っているだけだった。小さなホテルのティー・ルームでティーとスコーンのクリーム・ティーをとって一息つき、マンチェスターへの家路に着いた。

リンカン大聖堂に来る前に、やはりリンカンシャーのウールズソープにあるアイザック・ニュートンの家を訪ねた。万有引力の原理を突き止める引き金となったあの有名な林檎の木が今

も庭に堂々と立っていた。

それから三カ月ほどして、「ザ・サンデイ・タイムズ」紙に「生きている——ニュートンの有名な林檎の木」と題して記事が載った。今までは大方の学者が、一八二〇年の大嵐で例の林檎の木は倒され、切り刻まれてしまったと思ってきた。ただ原木の挿し木のいくつかが世界の権威ある大学で育っているだけと思われていた。しかし最近ヨーク大学のリチャード・キーシング博士が、新たに発見した文書と一八〇年前になされたスケッチを拠りどころに、ニュートンの林檎の木は三五〇年以上の時を生き続けていると主張しているというものだった。幹の一部が残っていて、そこから新たに根を張ることに成功したというものである。

いずれにせよ、ニュートンの家の庭にある林檎の木を一目見れば、それにその葉に触れてみれば、オリジナルの林檎の木であろうとなかろうとやはり感動するし、あの偉大な科学者の観察と想像力の翼の一翼に乗せてもらった感激を覚える。

一六四二年のクリスマスの日に生まれたアイザック・ニュートンが、ケンブリッジ大学から学位を授与されたのは一六六五年であった。その年、大学は疫病に襲われ、二年間閉鎖となり、その間ニュートンはウールズソープに戻り、様々な発見に至る非常に有益な時を過ごしたことになる。現在は、この家はナショナル・トラストの管理下にあり、科学者の巡礼の地となっている。あの有名な『プリンキピア』（一六八七年）も展示されていた。

ドーチェスターの蚋

一九九八年夏、二年に一度のトマス・ハーディ国際学会に参加した。シンポジウムのパネリストの一人になっていたため、本当はなにか落ち着かない気持ちでいた。気持ちを沈めようと、夕食後散歩をした。ドーチェスターの真中を走るハイ・ストリートを下るとフルーム川に出会う。そこにグレイ橋が架かっていて、一八二？（最後の数字は風化寸前）年に建ったと石に刻んである。その橋を渡ると、キッシング・ゲイトがあって、メドウ（川辺の草地）の入口になっている。

フロム川に養われて、草は青く様々な野生の花が育っていた。ちょうど日没の前で、最後の強い陽が差し込んでいた。そこの木も草も黄色に変わっていて、きらきら黄金色に光っていた。まるでモネの絵さながら、印象的に黄色や薄緑を大きな絵筆で描き流しているのか、現実の草なのかが分からない一瞬の魔術にかかってしまった。

もっとすごいのは、その光の魔術を背景に蚋《ぶと》が群れを成して、狂ったように飛び交っている光景だった。ハーディの父親よろしく、望遠鏡ならぬ双眼鏡を持っていたので覗くと、その蚋の群れが、赤い火の粉が散り交っているように見えた。ハーディの作品の中には蚋が陽に当たっている描写があるのだが、これがハーディが見たものなのかと悟った。蚋が神秘的にさえ思えた瞬間である。

ずいぶん長い間、あの燃える舞台で火の粉を散らしていた光の情景が、瞼から離れなかった。双眼鏡を外すと、川はほとんど淀んだような流れだが、澄んで静かだった。キンギョソウのように見えなくもない野生の花の朱の色が、頭の方だけ沈みゆく太陽に照らされて、その朱の色を煌めかせていた。横にいたジョンが、「この光景は四分、たったの四分しか続かないのだからしっかり見るといいよ」と言った。もちろん私は固唾を飲んで立ち尽くしていた。瞬間が過ぎ去り、また次の瞬間が足早に過ぎ去って行く。雲の形も色も、蚋の群れの形も色も、瞬く間に変化していく。全てが動き、流れ、絶え間なく姿を変えていく。

こんなに劇的なものが、小さな橋の下の草地で見られるとは思ってもいなかった。陽が落ちていくと、空の雲の色は美しくなるのだが、そのうちに輝く色を失ってしまって、灰色の夕闇に押し潰されてしまった。

トマス・ハーディを追ってドーチェスターへ

秋の霧で景色が柔らかい形となって浮かんでいるように見える中を、一路ドーチェスターへ向かった。夕闇が落ち始め、マンチェスターから長距離を車で走った後では疲れも出て、頭までぼんやりし始めていたところ、運転席から「ケイレイ！」と大声が発せられた。大慌てで目を見開き、周りを見渡すと、トマス・ハーディの銅像が目に飛び込んだ。もちろん恭しく頭を下げた。約二カ月ぶりでドーチェスターに戻って来た。

翌日、午後二時半からイギリスのトマス・ハーディ協会主催の秋の歩く会の催しの一つとして、稀な機会が与えられた。ハーディの『塔上の二人』というあまり読まれない作品があるが、この小説に出てくる塔のモデルの一つになったチャーボロウ・ハウスのタワー訪問であった。

この『塔上の二人』は、金髪の巻き毛をしたアドニスのような若い美男の天文学者スウィジンと、人生に退屈し切った貴族的な九歳近く年上の女性ヴィヴィエットとの恋物語が縦糸とすると、科学と宗教、道徳と感情との衝突が横糸になって、読み応えのある作品となっている。ヴィヴィエットの住むお屋敷のモデルの一つになったと考えられている、このチャーボロウ・ハウスは広大な敷地の中にあり、丘の上には高い塔を頂いている。

小説ではこの塔に籠って天体を観測する機会を与えられ、天体望遠鏡まで与えられるスウィジンは、天文家として名声を博そうと一心不乱で研究を続ける。この貴婦人は塔と自分のお屋敷を行き来するわけだが、この塔、お屋敷、これらを配した地形が、このチャーボロウ・パークと酷似しているところから、この小説のモデルとなったと言われている。

ところが、もう一つモデルになったと言われている所がある。ミルボーン・セント・アンドリューである。なんとしても午前中にここを見て、午後からの訪問地、チャーボロウ・ハウスとを自分で比較してみなくてはと思っていた。

ミルボーン・セント・アンドリューの村までは問題なく車で行けた。ハーディに興味のない夫は車の中で新聞を読んでいる。車でここまで連れて来てもらっただけでも感謝でいっぱいなのだから、思い切って、沼のぬかるみの中をとぼとぼと、少々不安な気持ちではあるが歩き始めた。

二年前、ケント州の静かな美しい田園風景の中を歩いていた中年女性の地質学者と九歳、六歳のお嬢さんが、鎌を持った男から襲われ、九歳の愛らしいお嬢さんだけが奇跡的に助かったけれど、後の二人は殺害されてしまった。今、この事件が裁判にかかっている。

こんなことを考えると、このような静かな田舎でも一人で歩くのは不安がなくもない。でも、ハーディへ近づきたい、もっと知りたい、深く知りたいという情熱に駆り立てられて、「いいわ、仕方がない、なんとしても見たいのだから」と独りで呟きながら、田舎道をとぼとぼ地図を片手に歩いた。イギリスは地図が充実しているので、オーディナンス・サーヴェイを持っていたら、的確に自分がどこにいるのかが分かる。地域ごとに分割されており、その土地の教会、パブ、農家に至るまで全てが細かく表記されている。

どこからか、さらさらと小川が流れているような音が聞こえてきた。地図を見ると、私の理論上辿っている田舎道の横に、水色で川の名前が記されているではないか。だから私の歩いている道は正しいのだと再確認された。ただ、向かうべき方向に行くのにまずハードルが一つあった。農場の入口にあるゲイトに鍵がかかっている。うろうろしていると、お年を召したご婦人が犬を散歩させていた。人っ子一人いないこんな所で人に出会うとは驚きだった。

「道に迷ったの」と聞いてくれた。

「まだ迷うところまでいっていないのですが……。実はあの丘の上、ウェザベリィ・カースルに行きたいのですが、行き道が分からないのです。あの丘がウェザベリィ・カースルなのですか」と尋ねた。

「ええ、そうよ」と答えてくれたので、私は地図を正しく辿っていることが分かってほっとした。

「あそこに行く方法を教えていただけませんか」

「そうね、この右の道をずっと辿って行くと、パース（歩道）があるのよ。少し遠いのだけれど。それに道がぬかるんでいて、その靴では無理でしょうね。そうそう、じゃこの門をよじ登って向こうへ行くといいわ。そしてね、向こうの生垣に沿って丘の方へ登って行ってください。ただし生垣を越えて、あの小さなこんもりした森に行かなければならないのだけれど、生垣には鉄条網が張り巡らせてあるのよ。でもね、『意志さえあれば、道は開ける』でね。どうしてもご覧になりたいのなら、鉄条網だって平気で越えられますよ。そうそう下から潜ったらいいわよ」と言ってくれた。

ここまで応援されたら私も勇気が出てきて、まずゲイトを登って向こう側へ降りた。その間、私のカメラと本とを持っていてくれた。そしてそのゲイト越しに十分も二十分もおしゃべりした。というよりこのご婦人のお話に耳を傾けて楽しんだ。大きなウェーブの灰色の髪をゆったりとアップにして、頂に髷を結っていた。とても優雅だ。ゆったりとした、良い英語で話し、それでいてはきはきと歯切れ良く、聡明な響きであった。

「私、八十歳を過ぎているのよ。独りきりで暮らしているの。夫を二十年前に亡くしたの。その上、一人の息子が二十五歳の時亡くなったし、一人きり残ったもう一人の息子も三十五歳の時亡くしてしまったの。だから独りきり。でも寂しくないのよ。この村の人々の生活の音が、私の上を通っていくのを聞くのは楽しいものよ。ダンスにも行くのよ。いつも紳士がパートナーを務めてくれるわ。私の夫はコーンウォール出身で、コーニッシュはなかなか手厳しいところがあるのよ。私はデヴォン出身なの。でも、ドーセットに住むようになったの。素晴らしいことはね、ドーセット出身ではない私を、ドーセットの人々はまるでここ出身の人のように扱ってくれるの。何の差別もなくね。だから、この村はとても住み心地がいいのよ。それに、私にはいい思い出がいっぱいあるから、思い出を食べながら生きてもいるのよ」

「ここの美しい自然も手助けするのでしょうね」と私が口を挟むと、

「もちろんそうよ」とご婦人が言った。トマス・ハーディのこともおしゃべりした。

彼女はきっぱりと、

「私、ハーディ嫌いですよ。あの人のものは好んで読まないわ。だって最初の奥さんはコーンウォール出身でしょ（実際にはデヴォンシャーのプリマスで生まれ育ち、婚約時にコーンウォールにある姉の牧師館に住んでいたのだけれど）、だから少し近く感じるのだけれど、結婚する前は愛し合っていたのに、結婚したら奥さんを蔑ろにして、秘書と親しくなり、最初の奥さん、エマが亡くなったらさっさと秘書のフローレンスと結婚し、愛に満ち満ちていたのに、しばらくすると今度は、亡くなった奥さんのことを詩に書きまくって、フローレンスを苦しませたでしょ。そんな男の書く作品なんて好みませんよ」

と断言した。

「女は強いわ。めげずに前進し続けることができるわね。さあ、頑張ってあの丘の頂上に向かってくださいな」

こういうわけで、足取りも軽く歩き始めた。鉄条網も乗り越えた。大きく、緩やかなカーブを描いた丘を登って行くと、太陽が木々の葉を黄金色に光らせているのが目に入り、誘われるように森の中に進んで行った。すると高々と聳えるオベリスクが立っていた。煉瓦と石で作られ、天に向かって立ち昇っている。頂には青銅の球がある。

きっとハーディはこの高々と天に向かっているオベリスクを塔に見立てて『搭上の二人』の舞台にしたのであろう。興奮して、色々な角度から写真を撮った。誰もいない所に一人きりで、なんの音一つしない小さな森の中で、ハーディが目にして、作品の背景に使った所を、今、私が目にしていると思うと、ハーディがますます近くなるのを感じた。木洩れ日が美しく、木陰はしっとりと湿った大地に吸い込まれていた。

さて、少し急がなければ午後からのイヴェントに参加できなくなってしまう。足を速めて、丘を駆け下りた。今度は待っていてくれたように、一カ所一層高々と張られた三段の鉄条網の一番下が広がっている。難なく潜り抜けられた。イラクサにちくちくと刺されたけれど、嬉しさのほうが打ち勝った。もう刈り込まれたように見えるベージュ色に枯れた麦畑が、澄み切った青そのものの空の方に向かって緩やかな坂を作っている。持っていたハーディの本を麦畑に置いてカメラに収めた。この時の気持ちを一瞬の時の中に封じ込めておきたい、逃したくないという気持ちであった。再びゲイトをよじ登って降りた。

一路チャーボロウ・パークへ向かって急いだ。この日のために頑丈な鉄の高い外門が開かれ、小道に沿って車を走らせると、スタッグ・ゲイトと言われる雄鹿が門の上に掲げられた立派な中門があって、そこを通って、鹿が草地に憩っているのを横目で見ながらしばらく車を走らせると、チャーボロウ大邸宅が見えた。三、四十人がしっかりと歩く準備を整えて集まっていた。長い列を成して、いよいよ例の塔を見に出かける。お屋敷の横を通って、また別の鉄のゲイトを通って、林の中を抜けて十分ほど歩くと塔が聳えていた。石造りで、五層から成り、塔上は王冠のように石の彫刻の飾りが付いている。塔からはチャーボロウ邸とその広大な私園が一望できる。まるで権力と富の象徴ででもあるかのような、世に向かってその存在を訴えているような装飾品とも思えた。

翌日は、なんとしてもテスとエンジェルが新婚旅行に出かけたウールを見てみたいと思っていたので、まずはウールに向けて急いだ。そしてなによりもビンドン寺院を見たい。本当は小説『ダーバヴィル家のテス』に合わせて除夜の深々と冷え込む日にこの寺院を訪ねてみたいと願い続けていたけれど、今はまだ霧巻く秋である。

テスがエンジェルに、ハネムーンの夜、アレックスとの過ちを告白したため、この結婚が破綻に瀕して二人とも惨めな思いでいる。エンジェルは夢遊病者のように、テスを両腕に抱え、「死んだ、死んだ、死んだのだ」と悲しみの極致が呻き声となって口を突く。二人が宿泊しているマナー・ハウス——かつてはダーバヴィル家の屋敷だったのだが——を出て、フルーム川沿いの水車小屋の方へ、そして小さな橋を渡ってこの寺院に来る。

北側の壁に大修道院長の石の棺が置かれていて、その棺にエンジェルは、過去があると分かったテスはもう死んだも同然という思いで、テスを置く。自らはその横で土の上に横になり寝入ってしまう。凍え死にそうに寒い除夜である。

この寺院の前に、今、私は立っている。寒い除夜ではなく、明るくて少し靄のかかった秋の朝のことである。

ハネムーンの宿泊先となったマナー・ハウスが、時代はエリザベス朝にまで溯る石橋の向こうに立っている。緑に囲まれてはいるが、周りは平たい広々とした牧草地で、すぐ横にフルーム川が静かに流れている。この日は白鳥が二羽遊んでいた。ウールブリッジ・マナーと看板がかかっていて、今はベッド・アンド・ブレックファストの小ホテルとなっている。思い切って予定を変更してここに泊まりたくなって、車で待っている夫のところに走り、「ここに今日泊まってもいいでしょ」とせがむと、「じゃ、空きがあるかどうかすぐに聞いてくるといいよ」と言ってくれた。胸をどきどきさせながら、正面の門から真っ直ぐに歩いて、正面のドア横のベルを鳴らすと、十歳か十一歳ぐらいに見える金髪の賢そうな少女が応対した。

「ご両親はいらっしゃらないかしら。私、夫と二人で今日ここに宿泊したいのだけれど、空きがあるかしら」

「全部部屋は詰まっていると思うけれど、マミーに聞いてきます」と入って行った。

「やっぱり空きはないとのことです。来週の週末はいかがですか」と言った。

「マンチェスターから来て、もう今週末を過ごしたばかりだから、来週というわけにはいかないけれど、できるだけ早く再訪します。ただ一つだけお願いがあるのだけれど、もし良かったらあの有名な二枚の絵だけ一目見せていただけませんでしょうか」と思い切って尋ねてみたら、その女の子は、「いいわよ、どうぞ。二階の壁にあるのですよ。上にどうぞ、どうぞ」と私を案内してくれた。

この少女が二枚の絵の説明をさらさらと、てきぱきと始めるではありませんか。なんだかテスとこの女の子がダブってきそうな気がした。テスはこの時二十歳ぐらいだから、もちろんずっと年上ではあるのだけれど。『ダーバヴィル家のテス』によると、このマナー・ハウスはダーバヴィル家ゆかりの屋敷で、先祖の女性の肖像画が壁画にされているのだが、この絵が、ハネムーン先のテスの寝室の入口にあるのを蠟燭の光でエンジェルが目にする。この絵は不愉快どころではなく、何か悪い予兆を秘めているのであった。

今、私はこの実物の絵の前に立って、このイギリスの金髪の少女の説明に耳を傾けている。絵はひどい修復ぶりで、オリジナルをすっかり損なってしまってはいるものの、テキストに表現された気味の悪い目鼻立ちはよく窺える。大きな長過ぎる鼻、赤い分厚い唇、暗い背景、これらは皆確かにハーディが表現した雰囲気通りだった。しっかり目に焼き付けようとしてしばらく立ち続けていた。心からの感謝の気持ちを伝えて、その少女に別れを告げた。何度もこのウールブリッジ・マナーを振り返り、フルーム川の水が目に滴るほど見つめて、ウールブリッジを去った。

今日は日曜日、サンデイ・ランチにロースト・ラムを食べた。山ほど盛られた人参、スウィード、キャベツもほんのり甘くて美味しかった。昼食後、モアトン駅に車を向けた。

ギャスケルのマンチェスターと自らの胸を裂くペリカン

午前十一時、マンチェスター大学ジョン・ライランズ図書館の一部を成し、マンチェスター市の中心街ディーンズゲイトにあるジョン・ライランズ図書館に、十数名のギャスケルファンが集まった。この図書館は一八九〇年代に建てられた新ゴシック様式の建物で、マンチェスターの綿商人、ジョン・ライランズの死（一八八八年）を記念するものとして、妻のエンリケタ・オーガスティナ・ライランズの要請でできたものである。ヴィクトリア朝には新ゴシック様式が人気を博した。

司書が案内にあたってくれ、図書館の歴史、建築様式などの説明から始まった。小さな部屋に通された。貴重なことこの上ないいくつかのギャスケルの手書きの原稿などが、すでにテーブルの上に並べられていた。

息をするのも憚られるほどの雰囲気だった。司書は手袋をはめてそれらを丁重に扱った。ギャスケルの『シャーロット・ブロンテの生涯』を清書した原稿、手紙、『メアリィ・バートン』の初版本、ブロンテの父パトリックの手紙など、ギャスケルが所有していたものが、オウエン・コレッジに寄贈されていた。ちなみに、オウエン・コレッジはマンチェスター大学の前身で、マンチェスターの実業家、ジョン・オウエンが多大の財を注ぎ込んだものである。その行為から学問、科学の進歩への熱意の証が読み取れる。

ディーンズゲイトの東に平行して走っている道が、クロス・ストリートである。ここにクロス・ストリート・チャペルがある。私たちはこちらに足を運んだ。ここはユニテリアン教会で、ギャスケルの夫ウィリアムが牧師職を務めていた所でもある。

ここでウィリアムの胸像、肖像画、手紙や娘ジュリアの写真などを見せてもらった。近年このチャペルは再再建され、内部は円形となっており、祭壇も会衆と同じ高さになるように床上に置かれ、説教を高い所から下すのではなく、「集会の場所」という基本方針を貫くのにこの形態がよく合うと、現在の牧師は言う。

その後、ポーティコ・ライブラリィへ出かけて、ウィリアムが借りた本の記録などを見せてもらった。彼は当図書館のチェアマンをしていた。彼が借り出した本をギャスケル夫人が読んだ可能性がある。

この日一つ私の胸に深く刻まれたことがあった。ジョン・ライランズ図書館に集合する前の一時間を、この図書館の二階で開催されていた『鳥たちのイメージ展』で費やした。この時、鮮やかな色でなされた聖書の手書きの写しと挿絵が目に留まった。説明書きにはこう書かれていた。

「これはラテン語で書かれた聖書の詩篇一〇二の写しで、十三世紀中葉にまで溯る。『私は荒野のペリカンのようになった』とあるが、これは寂寥感のイメージである。しかし、挿絵師はペリカンを敬虔なものとして描いており、伝説によるとペリカンはその雛鳥に自らの胸を裂いてその血を与えたということになっている」

自己犠牲の典型である。

最近生物学者のリチャード・ドーキンズが次々と本を出して、「自己中心的遺伝子」について語っている。存在する者は自己保存本能があって、自らの遺伝子をどんどん増やしていくことを最優先させるように作られていると表現する。これはチャールズ・ダーウィンが提唱した進化論、ハーバート・スペンサーが唱えた適者生存論などの線上で論じられた理論である。

では、人はなぜ自らを犠牲にしてまで、他者を助けたりすることがあるのだろうか。ダーウィンはこれを種の保存のための共同作業と解する。それでもそれ以上の他者への共感や情愛などといったものは、種の保存のための他者への援助、親切といった枠を越える人間の内的活動のように思われる。これほどまでに人間の内的存在を昇華させたもの、道徳心の極致とはなんなのだろう。なぜ人間はこれほどまでに内的発展を遂げ、美や真理の崇拝の徒となるのであろうか。

自らの遺伝子を増やし、存続させるためには異性を魅了する美の力が必要で、鳥でも自然に身を飾っているのは分かる。しかし、それ以上の美や美意識がある。プラトンが『シンポジアム』で語った美は、知的努力をも超えたその先にある「真の美」、精神が最高に荘厳化された状態を指す。このような「真の美」はそれ自体で完全なものであり、変化に晒されることもなく、いわば「永遠」そのものと言ってもよいものである。人は「種の保存」という枠を越えた領域で、美を求める。人は「共感」「自己犠牲」、美の追求に身を捧げることができる存在である。星屑から進化してきた人間存在は謎に満ち満ちている。

十九世紀の「花の咲かないマンチェスター」巡り

イギリス北部の秋の冷たい篠突く雨の中にもかかわらず、四十人近くの学生風の人、中年、初老の男、女と様々なギャスケル愛好家が、円形をしたマンチェスター市立図書館の前に集まった。今日はギャスケル夫人が書いた『メアリィ・バートン』出版一五〇周年に当たる。出版月日に一八四八年十月十八日という異説はあるものの、一般には一五〇年前の十月二十五日と信じられていて、その月日まで合わせて、イギリスのギャスケル協会が記念散策を計画したのである。マンチェスター・メトロポリタン大学（元の専門学校で、数年前にジョン・メイジャー首相の下で大学に昇格した）で、社会史が専門のテリィ・ワイク氏が案内役を務めてくれた。

イギリスは不思議な国で、百年というものがそれほど昔だと感じさせないところがある。きっと過去をいつも意識して、過去を現在に呼び入れているからであろう。ギャスケルが描写した極貧の紡績工場作業員の生活が、アンコウト地区の地下室を舞台に繰り広げられるが、この地区の風景は今でもそれほど大きく変化しているようには思えない。もちろん人々のライフ・スタイルは大きく変わった。貧しいアイルランド人たちが肩を寄せ合って暮らした「リトル・アイランド」と言われている地区なども見て回った。

一八三八年にトマス・カーライルがマンチェスターの親戚の家を訪れた時のことを記録して、

「朝五時には、全てが眠りと闇のように静まり返っている。朝五時半には全てがまるでものすごい紡績工場の競争、もしくは大潮のように動き始めた。ブーン、ンンとどこまでも至る所で……」と書き記している。ヴィクトリア朝マンチェスターは、市内はもちろんその周辺地域も主に綿織物工場で埋まっていたのである。あの耳をつんざくような「ブーン、ンン、ガタガタ」という音は今はもう聞こえてこない。ギャスケルの言う「花の咲かないマンチェスター」から、今は花咲くマンチェスターへと劇的に変貌を遂げた。

古書の町、ヘイ・オン・ワイへ

朝、マンチェスターからヘイ・オン・ワイに向けて車を走らせた。四時間ほどもすると、目的地に着いた。ここはちょうどイングランドとウェールズの境にあって、わずかの距離でイングランドに属してはいる。古本屋の町で、ここに入り込むとまるで魔法にかけられたように時間を飛び越えて、一世紀も二世紀も前の時代の響きに心のアンテナが合わせられる。特にヴィクトリア朝の作品や批評書などに出会うと（もちろん山のように積まれているのだから出会わないことの方が難しいのだが）、私の心が躍り始める、そんな町なのである。

この日は宿を予約していなかったので、まず宿探しから始まった。暗くなってからでは少し心細くなる。

前に来た時に、石造りの家に蔦が絡み付いていて、濃い緑に覆われたホテルを目にしていて、次に来る時にはここに泊まってみたいと思っていた旨を夫に告げると、「じゃ、そこにしよう」と賛成してくれたものの、回っても、回っても見つからない。それで諦めて、前に何度も泊まったベッド・アンド・ブレックファスト、「ヨーク・ハウス」へ行くと、看板は掛かっているものの、呼び鈴に応対してくれる人もいないし、第一人の気配がない。しばらく待ってみたけれども時間がもったいない。私の思いは目当ての本を探すことで逸り立っていたのだから。「スワン・ホテル」に決めて旅行鞄を部屋に置くなり、「シネマ・ブック・ショップ」へ向かった。

映画館だった所が今本屋になっていて、その屋号にのみこの本屋の歴史が偲ばれる。ブロンテ関係の本が今回は目当てなのだが、一冊だけ、ジェランの書いたブランウェル・ブロンテの伝記しか見つからなかった。スウィンバーンの研究書など数冊求めて次の店へ急いだ。

数年前に来た時には英文学関係のコーナーに行けば、例えばトマス・ハーディの棚には何十冊と並んでいて、一度に十数冊も買って、ここから私のハーディ関係の本の収集が始まったのを覚えている。今はもうヘイ・オン・ワイはあまりに有名になって、大型バスで観光客も来るようになってから、以前のように良い本が見つからなくなってしまった。

それでもこの本の町の魅力はまだまだ続く。チャールズ・ディケンズの専門店「ボズ」や古いプリント類を扱っているプリント・ショップ、骨董屋などを通り過ぎて「ザ・ブック・ショップ」に着いた。床の上にさりげなく置き去りにされたような茶色のハード・カヴァーの分厚い二巻本が目を引いた。手に取って見ると、ハーバード・スペンサーの自伝である。ノーサンプトンシャーの図書館が売りに出したものであった。

一九〇四年に出版された本で、扉には「ジェムへ、愛を込めて、フレッドより、一九一〇年九月」と書かれてあった。この図書館が買い取って、また手放したのであろうか。今度は私が買った。その下に「一九九九年二月三日、ヘイ・オン・ワイにて、ジェイムズ治美」と書き加えた。ちょっとした小さな歴史が、この本に息づいている。二巻で二〇ポンドだった。図書館放出の本は手垢にまみれていて、分類番号なども付いて醜いが、大方は質の良い本である。

ジョージ・エリオット（本名、メアリィ・アン・エヴァンズ）はハーバード・スペンサーと親しくなって二人でロンドンでのコンサートや芝居などに出かけ、ミス・エヴァンズは結婚の申し出を待ち続けていたけれど、スペンサーは応えてくれず、彼女の夢は苦く消えてしまった。しかしスペンサーは一生独身で、ベッドの横のテーブルにエリオットの写真を死ぬまで立てていたと伝えられている。ここのところ私はエリオットにご無沙汰してしまっているけれど、そのうちにきっと彼女の研究へ戻ってくる。彼女をもっと違った新しい目で見る日が来ると思う。

その後、「リチャード・ブース・ブック・ショップ」へ向かった。四十万冊の古書を所蔵し、ヨーロッパ一大きな古書店だと宣伝している。ここでも、エミリィ・ブロンテの古い伝記が一つ見つかった他には、ブロンテ関係はなかった。シェリィの研究書、ワーズワス関係のものなどを求めた後、地階の哲学、宗教の部門を見てみた。

　ギャスケル夫人の作中人物にクウェイカー教徒がいるため、以前からもっとクウェイカー教について知りたかった。たまたま『ザ・クウェイカーズ』と『クウェイカーのあり方』が見つかった。後者の本にもまた歴史が刻まれている。

　一九三三年十一月、この本の著者、A・ルース・フライが友人夫妻、フランク&ルル・ボーラスへ贈ったものであった。それを南アフリカのケイプタウン大学の図書館へ、一九六二年にボーラス夫人が寄贈している。きっとご主人が亡くなられた後なのだと想像した。そして日本人で、マンチェスターの住民の私の名前と日付が、後でその下に記された。また、誰かにこの本が読み継がれていくのかもしれないと思いながら。知りたいことが山ほどある。

　その本の横に『ジョージ・カドベリィ伝』が立っていた。日本で言えば明治チョコレートや森永チョコレートに等しい、英国庶民におなじみのチョコレート会社を創立した人、カドベリィ氏の伝記である。彼もクウェイカー教徒であった。今も英国では庶民が日常好んで口にするカドベリィ・チョコレートはどこの店にも並んでいる。この本は一九二三年に出版され、同年六月に印刷されて貼り付けられた紙切れが元のままに残っていた。

ザ・マナー・ハウス

ノースフィールド

ミシズ・ジョージ・カドベリィと家族より

どうかガディナー著『ジョージ・カドベリィ伝』をお受け取りくださるようにお願い申し上げます。本書は友情や興味を共有することを通して、彼と関係を持ってくださった方に喜んで迎えられることと思われます。

一九二三年六月

英国の特に中部、北部地方の成功を収めた実業家たちに、クウェイカー教徒が多いのに気づく。靴製造業で有名なクラーク一家も例にもれない。ジョン・メイジャー首相の下で大蔵大臣を務めたケン・クラークは、血縁関係にあるかどうかは知らないのだが、クラーク・シューズの大ファンで、気軽な庶民的なこの靴を愛用して、トーリィ（保守党）の中でも左に向かう傾向を象徴していた。

ペア・ソープで一財産を築いたリーヴァー氏もクウェイカー教徒であった。リヴァプールのポート・サンライトにあるレイディ・リーヴァー美術館は、彼の財で建てられたものである。これらの実業家たちは、一つの村を作って、できる限り良い生活条件で労働者たちが暮らせるように工夫した。ポート・サンライトの石鹸工場労働者の村は、美的にも素晴らしい村である。

アーガのあるベッド・アンド・ブレックファスト

ヘイ・オン・ワイで一泊して翌日、ウェールズの首都カーディフ郊外のフラットで一人住まいをしている夫の従姉グウィネスを訪ねた。去年夫を亡くして、家や庭を一人で手入れすることはできないと考え、家を売り、近くの小さなフラットに移り住んだ。彼女の家に着くと、「これが私の庭よ」と四、五段の棚いっぱいに並べている観葉植物を指差した。居間の一枚ガラスの窓から、ウェールズの山並みが幽かに見えて、太陽がなににも遮られずに入ってくる、明るく、心地良い部屋であった。

私とは初対面であった。ずいぶん長い間会いたいとお互いに思いながら、カードはずっと交換し続けていたものの会わずじまいで、私の英国移住以来十年たった一九九九年二月にやっと会えた。なにかほっとしたような、満足した嬉しい思いがじわじわと起こってきた。静かな、それでいてものをはっきり言う夫人である。赤いバラのロイヤル・アルバートのカップで紅茶を出してくれた。

彼女の行きつけのパブで昼食をとって、夫が勘定に席を立って、グウィネスと私が二人きりになった時、彼女は、

「ジョンはね、本当に愛らしい子供だったのよ。金髪の柔らかい髪の毛がくるくるとカール

して、青い大きな目でじっと見つめる、それはそれは美しい子供だったのよ。でも一人っ子で、母親は教師で忙しく、父親はご存じのように商船の船長で、外国にいることの方が多かったでしょ。だから寂しい子だったのよ」

と訴えるように話した。夫の母親は五十八歳で胃癌で亡くなったのだが、グウィネスは姪として、看護婦としてよく病床に見舞いに出かけ、亡くなった時にはただただ寂しくて泣き続けたという。

「なにも食べられず、寝ているだけの叔母を抱えて家に連れて帰り、思う存分看護したいとどれほど思ったことか……」

グウィネスと私は、この時急に、ジョンを違った意味で愛する二人の女性として親しい、親しい心の友となった気がした。ジョンが孤独を好むこと、独立心が異常に強いこと、一匹狼のように生きることなど、なにか私のジョンへの理解に保証書が付けられた気がした。

昼食をすませてから、彼女は弟夫妻を電話で呼び寄せた。私は彼らとも心の距離感をほとんど感じず、なにか温かいもので柔らかくくるまれたような心地良さを感じ、この人たちがとても大切な人と思われ始めた。グウィネスが夫に、

「ジョン、もうあまりたくさん親戚の者たちが残っているわけではないので、しっかり連絡を取り合いましょうね」

と言った時、私はさらに彼女に心が近づいていくのを感じた。三人が窓から手を振るのに応

えながら、マールボロへの道を急いだ。

マールボロはロンドンの西、ロンドンとブリストルを結ぶ線上にある。まだ冬の陽が残っているところに到着した。町の真ん中に駐車して町を歩いてみることにした。歴史の古い町で、殊の外幅広い道が市内の中心部に走っていて、その両側に老舗が並んでいる。「昔、羊飼いが羊の群れを引いて市場に向かうことができるように、この道はこんなに広く造られたのだよ」とジョンが言った。小さな町の図書館に入って、町の歴史を少し探ってみた。

日が落ち、夕闇が迫ってきた頃、この町の外れにぽつんと立っているミシズ・ロウのお宅に足を向けた。ここはベッド・アンド・ブレックファストのガイド・ブックの中に四つ星ならぬ四つのQを与えられていたので、予約を入れておいたのである。ご主人が海軍勤めだったと見えて、通された居間には船の大きなプリントがいくつか額に入れられ壁に掛かっていた。

玄関先で迎えてくれたミシズ・ロウには典型的イギリス中産階級の物腰が、もちろん無意識にではあるがはっきりと表れている。はきはきとものを言うのだが、ぺちゃぺちゃとしゃべり過ぎない。親切だけれど、こちらのプライヴァシィを絶対に侵害しない。余分なことは聞かない、それでいてこちらの必要なことは何一つ手抜かりなく見て取って、サーヴィスしてくれるという具合であった。

「今日は一日中法廷で陪審員として参与していましたの。お二人の部屋に花を飾る予定だったのにうっかりしてしまいました。ごめんなさい」と言うなり、食前酒にジン・アンド・トニックを出してくれた。これはイギリス特有の食前酒で、トニック・ウォーターと氷にジンを少し注いで、レモンの薄切りを浮かせたもので、エリザベス女王の母君、クウィーン・マザーも好んでお召し上がり、これが若さの秘訣という意見もある（残念ながら、国民全てに惜しまれながら二〇〇一年に一〇一歳の生涯を閉じられた）。

その間、年寄りで甘えん坊のフローラという名のラブラドールと、やんちゃで元気旺盛、顔がめちゃめちゃに崩れているのに自信過剰のバンブルという名のチンが、私の注目を競い合っていた。ディナーが出されるまで一時間半ほど、居間で暖炉の火がぱちぱちと音を立てるのを耳にしながら、フローラの喉と胸をなでたり、バンブルが私の膝に座ってまるで猫が満足げに喉を鳴らすのに似た音を立てるのを聞きながらくつろいだ。家族の写真も一つのテーブルにまとめてたくさん立てられている。天井まで届きそうな背の高い白い本箱には、何とスミス・エルダー社出版のブロンテ全集が揃っており、キップリング、ギャスケル夫人、ジョージ・エリオットなどの文学作品も勢揃いしていた。

「あと五分でディナーです」と居間に伝えに来てくれたので、私たちの部屋にちょっと手を洗いに戻った。部屋の明かりを消したと思っていたのに、テーブル・ランプの明かりが三カ所に灯され、透き通った目に染みるほど純白の菊の花が、ベッドの横にあるビューロウの上に飾られていたのである。私たちの部屋は「ガーデン・ルーム」と名づけられ、離れにあり、広い庭に囲まれていた。

ダイニング・ルームに通されると、銀やピューターのティー・ポットや皿やコンポートなどのコレクションが一つのテーブルに飾ってあった。壁の画はここ十年、二十年の間に買ったものではなく、きっと何代にもわたって受け継がれてきたもののように見受けられた。家具も古めかしく、重々しく、時間の経過が直に感じられた。

サッチャー前首相の下で国防大臣を務めたアラン・クラーク（父親はあの有名な『文明』を書き、BBCでも放送されたケネス・クラーク）が、同じトーリィ党のマイケル・ヘスルタインに触れて、彼は家具を新たに買わなければならない、つまり先祖代々受け継がれてきた家具がない「ニュー・マネー」を象徴していると誰かが言った旨を、『日記』の中で言及した。ちなみにマイケル・ヘスルタインは有能、雄弁家で、サッチャー前首相の辞任劇の際、首相の座を目指して彼女に挑戦を仕掛けた大物政治家である。アラン・クラークは城のような家に住み、もちろん「オールド・マネー」を代表しているのは明らかなことである。この二つの世界を分かつところに英国の誇りと同時に弱みがある。

さて、ディナーのテーブルに着くと、ワインが運ばれた。前菜は山羊のチーズを軽く焼いて、その周りと下に色々なサラダ菜が敷かれていた。パインの実を軽くローストして散りばめており、香ばしかった。二センチほどの三角形に切り取られたパンもローストされて散らされていた。主菜はビーフのキャセロール、添え物は糸のように細く刻まれたフレンチ・ビーンズと人参、デザートはクリーム・ブルーレだった。

居間に戻ってコーヒーを楽しんだ後、ゆっくり「ガーデン・ルーム」に引き下がった。部屋はブルーが基調色で、カーテンも布団を垂らしたように分厚いもので、外からの隙間風を完全に吸い込んでくれた。星が空いっぱいに詰まって光っていた。

朝、目を覚ますと冬の太陽が射し、庭の芝生の緑が目に染みた。フローラも朝の挨拶に来て、しばらく一緒に庭中を駆け回って楽しんだ。ふうふう言いながらふと目を端に落とすと、鈴蘭をもう少しふっくらさせたように見えるスノウドロップが群生していた。イギリスの春を告げる花一番である。スノウドロップスを見ると、次にクロッカスそして水仙と、春への期待が心の中で気忙しく動き始める。

ミシズ・ロウはフレンチ・ウインドウを開放して、「さあ、朝ご飯をどうぞ」とダイニング・ルームに案内してくれた。「ガーデン・ルーム」を出て、芝生を踏んで、フレンチ・ウインドウから入ると、この部屋は三人の息子さんたちの子供部屋だったものと思われた。木馬があり、壁いっぱいに大木と小鳥が描かれている。なんと素敵な生き方なのだろう。私はなによりもミシズ・ロウのライフ・スタイルを観察して楽しんだ。

広い台所には緋色のクッカー（オブンとグリルと煮炊きする四つのバーナーが一つになったもの）が目に留まった。「アーガ」である。「アーガ」はイギリス中流階級の代名詞とも言えるものであるが、とてつもなく大きなクッカーで、作りも立派でがっしりとしていて高価なものである。「アーガ」所有の婦人同士が友人になる。色々と好みや生活背景を説明しなくても、「アーガ」を使っているという一言で、同じ仲間で同じ「種」に属していることになるからであろう。私の家には「アーガ」を置くスペースなどないけれど、私の二人の友人はそれぞれ「アーガ」を持っていて、さりげなくではあるけれど、よく自慢げに「アーガ」を語る。最近は「アーガ・サーガ」というのが一つの流行語になっている。「アーガ」を使う特に田園地帯に住む中流階級の女性をテーマにしたサーガ（物語）を指しているのであろう。

久しぶりの青い冬の空の下で、ミシズ・ロウにどんなにか心地良い滞在だったかを告げて別れた。マンチェスターを出発してからまだ二日しかたっていないのに、私の目の前で風景が次々に変わり、色々な人々に会って、なにか時間も空間もぎっしりと詰まった、満ちたという思いを抱えて一路、ロンドンへ向かった。

光と色と水に永遠を見たモネ

小雨のロンドンである。グリーン・パークの入口で車から降ろしてもらって、私は一目散にロイヤル・アカデミィで開かれている「二十世紀のモネ展」、モネの後期の作品展に向かった。ジョンはグリニッジの海洋博物館へ向かった。モネ展はものすごい人気と聞いていたため、事前に切符は電話予約していたので、長蛇の列に加わらなくても、すぐ窓口で切符を受け取ることができた。

　昨年七月にパリ北部のジヴェルニィにモネの家と庭を訪ね、その後パリのオルセイ美術館でモネの絵のみに集中して見たし、また十月にはフランス北部ルーアンにルーアン大聖堂と、それをモネが描いた絵の飾られているルーアン美術館を訪ねるという具合で、なにかモネが私にとって新しい存在となってきていたところに、またこの「モネ展」である。モネが私の中に押し寄せてくる。私がモネを追いかけている。「モネ展」は一月二十三日から四月十八日まで開かれている。この展覧会に先立つこと数カ月、去年の九月五日のタイムズ紙の付録雑誌に、リチャード・コーク氏の「モネ展」のリポートが載っていた。とても良いリポートだった。だから数カ月間心待ちにしていたのである。

　ルーアン大聖堂の連作で、時間を変えてグレイの石に映る光の変化を追ったように、モネはまたロンドンの「チャリング・クロス橋」、そして「ウォータールー橋」に同じように、光の変化を空とテムズ川に求めて連作をした。国会議事堂が霧の中にぼんやりと霞む中で、橋は画面の真中を堂々と横切っているものの、主題はあくまで「光」であるように見受けられた。しかも常に移りゆくものである。

　摑もうと思っても摑めず、しかも眩いばかりにそこに束の間存在する光に、モネは取り憑かれていたと思う。レモン色や朱赤やオレンジとピンクの混合、藤色と水色を絶え間なく変えて出現させながら、常に変化し続ける光を描いた。この光こそモネの宇宙だったと思われる。自分の外の世界に永遠を求めるのではなくて、自らが作り出した水と色と光の永遠の中に溶けていった芸術家のような気がする。

モネは一九〇八年にはヴェニスに旅をした。六十八歳の時であった。運河の水と石の建物を光の変化の中で捉えようとした。「聖ジョルジオ・マジオーレから見たデュカーレ宮殿」は特に私の心の中に強く留まっている。この絵の前に立った時、光が水の中から、宮殿の建物から次々に止めどなく湧き出て来て、私の目の中に永遠に飛び込み続けるような不思議な感覚を経験した。なにか光が動いているようで、あまりに美しくて胸がいっぱいになり涙が溢れそうになった。これが芸術の力というものなのであろう。

モネは年を重ねるごとに、具象的な形を排していき、形から自由になって、ジヴェルニィの庭の睡蓮の池の水に映る空を、光を、思い切りキャンバスの中心に据えるようになる。一九〇七年の睡蓮の連作は、重点が睡蓮から水に映る空になり、色も藤色がかった水色、黄色、ピンクと、時の推移をキャンバスに描き出す。

「柳」の連作では形はもっと消えて、奔放に垂れた枝を描き殴っている。歳を取っていくと体力は衰えるかもしれないけれど、それとは反対に精神力はますます迫力を増していくのではないかと思われる。ターナーの絵も断然晩年の絵の方が迫力が勝っている。

すごいのは、現在の絵に満足してきれいずくめの心地良い絵を描き続けるのではなくて、限りなく新しく挑戦していく意気込み、もっと良いものを、もっと深いものをと探っていく精神力である。リチャード・コークの記事の中に、モネの友人、ルネ・ジャンペルの驚きをそのまま引用してこう記していた。

十二枚のキャンバスが床に輪になって置かれていて、しかも全て幅一・八メートル、高さ一・二メートルというサイズである。まさに水と睡蓮と光と空のパノラマです。この永遠の中では、水も空もいずれも、始まりもなければ、終わりもないのです。まさにこの世が誕生したばかりの時に私たちが直面している気がしたのです。

コーク氏はモネの世界を「水の涅槃」と呼び、「青、紫、緑を官能的に強調することで支配されている色の限りない混合は、いかにも延々と溶け続けている海にも似ている」と書いた。いい表現だと思う。モネの絵から湧き出て来る眩いばかりの豊かな色彩はまさに見る者の目に至福を与えてくれるけれど、それをリズムの効いた含蓄のある言葉にして示してくれたコーク氏のペンの技にも心地良い喜びを感じる。

一九一五年から二六年（七十五－八十六歳）にかけての最晩年の大作「睡蓮の池」は、モネの芸術の全力を尽くした結晶である。色を重ね続け、その色と色が共鳴し合いながら、無限に広がる空間を作り上げた。この最後に作り上げた空間が、同時にモネが永遠に住まう空間になった気がする。この色と光と水の中に、モネの魂が溶けている気がする。

その後、ロイヤル・アカデミィのレストランで、サラダと紅茶の昼食を終えた（と言ってももう午後三時を回っていた）。

いつものように、ロイヤル・アカデミィの会長を務めたジェラルド・ケリィ卿（一八七九―一九七二年）の作品「ジェイン」の前にしばらく立って、清らかに優雅に美しいジェインの斜め後ろからの肖像を眺めて楽しんだ。ちょうどお寺参りをするように、ロイヤル・アカデミィに来るたびに「ジェイン」の前に立つのである。光が仄かに後肩に当たり、ビロードのブルーのドレスにも光が静かに落ち、清々しく美しい横顔は柔らかい影の中にある。あの横顔は、女性の気品と気位と清楚と知性と微かな甘さを匂い立たせている。

雨は上がっていた。心地良く冷たい空気を撥ね退けながら、ロンドンの街を歩いた。

翌朝、ケント州フォークストン近くの海底から一〇〇メートル下に造られた英仏海峡トンネル「チャネル・タネル」の入口からシャトル電車で三十五分間車の中に座っていると、そこはもうフランスの港町、カレイだった。ワインとエクストラ・ヴァージン・オリーヴ・オイルを車一杯買い込んで、夕方はもうロンドン近郊、ベックスリィのホテルに戻って来た。外国への日帰りショッピングである。

日曜日の朝、ベックスリィの駅から電車に三十分も乗っているとロンドンに着いた。空は青く晴れ上がっていて、空気がからからと音を立てるくらい乾燥していて、氷の小粒が空中を舞っているような気がするほど寒かった。ハイド・パークの並木道を歩くと、犬を連れた人、ジョギングする人、はしゃぐ子供たちと次々にすれちがっていった。木々は黒褐色に見えた真冬の木から、少しずつ、ほんの少しずつ早春の色を帯び始めているかに見えた。

右手奥にまさに蛇のようにくねった形の湖を見下ろし、ジョンとメアリィ・シェリィの話などをしながら「サーペンタイン・ギャラリィ」を通り越して、ロイヤル・アルバート・ホールの正面に向かって立っているアルバート公の像のあるタワーに足を向けた。

補修中でずっと姿を隠していたプリンス・アルバートが今、目に眩いばかりに真新しい金箔を貼られて、青空を背景に光っている。それでもイギリスらしい金の使い方だと思った。きらびやかではあるが、抑制の効いた金張りである。プリンス・アルバートこそが、今のロンドンのケンジントン地域（ここには、ヴィクトリア・アルバート美術館、自然史博物館、科学博物館、地質博物館などが立ち並んでいる）の創始者であり、ヴィクトリア朝文化の指導者であった。彼にふさわしい修復工事の完了である。

今回のロンドンへの小旅行の主目的は、フランスへの日帰りショッピングでもなく、ケンジントン地区を散歩するのでもなかった。それは「モネ展」と、来週で終わってしまうテイト・

ギャラリィで開かれている「アルプスを旅したターナー展」を観ることであった。奇しくも、「光」を、「時」の過ぎゆく様を描いた、二人の画家展へ馳せ参じるためであった。後者はテイト・ギャラリィの別館、ターナー・ルームの二階の一角で催されている小規模の展覧会だった。それでも私にとっては非常に興味のあるものなので絶対に観ておきたかった。期待は見事に報いられた。

薔薇に顔を埋めた老紳士

薔薇が咲き始めた。我が家の入口の左手の白い壁に這っているダブリン・ベイという名の濃い赤の蔓《つる》薔薇が開いているのに気づいた。さらに左手の方にあるピンクのバントリィ・ベイという蔓薔薇も咲き始めている。偶然にも表の蔓薔薇の名は両方ともアイルランドの湾岸から取られたものである。これから次々に庭の薔薇が咲いていく。

我が家の裏庭に面して敷石が嵌め込まれた狭いプロムナードがある。そのすぐ向こうは運河である。というよりもドックと言った方が適切である。運河の終着で、昔はこの辺りには倉庫が立ち並んでいて海上輸送の拠点として賑わったらしい。今は新住宅が建てられ、水を借景にしてオフィスはもとよりホテルやシネマが盛況を博している。

このプロムナードを身なりのきちんとした老紳士が歩いていたのだが、我が家の裏庭の中ほどで立ち止まって、しばらく動かなかった。気になって私も少しだけそっと身体を動かして様子を探ったら、大輪のティー・ローズの中にほとんど顔を埋めていたのであった。ティー・ローズだからそうたくさんは花が付かないのだが、その代わり花のサイズが大きくて香りが良い。気品の中にも華やかさのある銅色がかったサーモン・ピンクのシルヴァー・ジュービリィの花びらの中に顔を埋めていた。ほとんど酔いしれていたようだった。一度顔を花から浮き起こすと、もう一度同じ仕草を繰り返した。

数年前、京都の高雄の紅葉の真最中にちょうど運良く行き合わせた母は、私への便りに「あまりに美しくて、あの炎のように燃え盛る赤や朱の紅葉の中で溺れ死にたいと思った」と書いてきた。

もうずいぶん前のこと、私がイギリスに移住する前、「朝日新聞」の夕刊に忘れ得ぬ記事が載っていた。その記事は文学者でもあり、作家でもある方が生きるということについて書いた短いエッセイで、最後に確か、「美の中に溺れて死にたい、しかも自分がその美の創造者になれたら最高」と書かれていた。

今は亡き私の母は、主婦で素人ながら六十歳で始めた日本画の作品を、二〇〇七年に八十五歳で亡くなるまで一〇〇点以上も描き上げた。なによりも好きだった、人知れず咲くひっそりとした花を描きに描き、その花々の中に消えていった人である。

この私の庭の薔薇、シルヴァー・ジュービリィの花びらの中に顔を埋めたご老人と、高雄の紅葉真盛り中の母や、新聞のエッセイとが、私の中で一つに重なった。きっとこのご老人は、この世の現実の美が提供してくれるものはゆったりと一つひとつ自分の中に取り込み、吸収し、自らの魂に蜜を吸わせていたのであろう。ペルシャの詩人、オーマ・カヤームがこの「今」を精一杯享受することを謳った『ルバイヤット』や、与えられた短い時を精一杯豊かに拡大して生きることを勧めたウォルター・ペイターの『ルネサンス』にも同じ精神が見出される。

「今」の色と香りと声

夕食を楽しんで、いつもより多めにワインを飲んだため、ほろ酔い加減で、頭の中が少しふわりと浮いている感じで良い気分だった。モーツアルトのホルン協奏曲をかけてソファにゆったり座ってますます良い気分になった。ホルンの音に乗って、過去の思い出がまつわりついて、私の頭の中に色々な思い出のイメージが送られてきた。でも心を引き付けるものもないし、懐かしい気持ちでもないし、ほとんど意味のない、白い壁にぼんやり映った影のような思い出でしかない。

トマス・ハーディが一八九七年一月二十七日付の日記にこう書いている。

今日には長さも、幅も、厚さも、色も、匂いも、声もある。それが昨日になってしまうと、途端に多層の中の一つの薄っぺらな層になってしまい、中身も、色も、はっきりした音もなくなってしまう。

よほどの強い印象が残った思い出は別として（それは現在の中に飛び込んできて、まるで過去が現在になったかのように生々しく、香しく、多色の彩りを伴う。きっと意識的に、その過ぎ去った時間を失いたくないために、いつもいつも現在に呼び戻し、自分の中でその時間を追体験しているからだと思う。だから、過去が過去とならないのだけれども）、そのような思い出は別として、過去は色褪せて、ぼんやり白けた映像となって、自分の背後に逃げ去っていく。だから、この「今」を楽しもう。このモーツアルトの音の感触を、そして幸せと思うこの「今」の気分を楽しもう。

フルブライト留学生の集い

マンチェスターを出発してモーター・ウェイM6を、ロンドンに向けて味気なく突っ走っているだけで退屈してきた。車に載せていた私のカセット・テープのコレクション、それはほとんどがBBCのラジオ放送の番組（主に「レイディオ・フォー」）の録音なのだが、その中からコールリッジの『老水夫の歌』のテープを選んだ。

それは『老水夫の歌』についての様々な角度からの討論、そして波の音を交えて、朗読者二名の豊かな声によるドラマ仕立ての詩の朗読であった。灰色のモーター・ウェイを走っていることをしばし忘れて、海の上でこの老水夫と一緒になってアホウドリを殺して苦しんでいる気がした。追い越していく車の音が波のように聞こえ、目の前がぼこぼこと音を立てる水のような気配を感じながら、車の助手席に座っていた。声一つでこの詩をこのようなドラマに仕立てた声優の技に、うっとりしてしまった。ちなみに老水夫をジョン・ネトル、語りはケン・スミスであった。

そうしているうちにロンドンの北の町、ゴールダス・グリーンに午後二時頃到着した。小さなホテルに車と荷物を置いて地下鉄でピカデリィに向かった。ロイヤル・アカデミィのレストランで軽い昼食をとった後、ナショナル・ギャラリィに行った。夕方のイヴェントまで二時間弱あった。その時間を今日はオランダ派の絵だけに費やすことにした。

この写実的な絵画の手法が、イギリス文学の中にペンを通して真似られている。ジョージ・エリオットの『アダム・ビード』の有名な十七章では、作家がオランダ派のような写実的な人物描写をしなければいけない、着飾った人たちだけではなく、「労働で荒れた手をして人参を掘る老女」や「薄汚い居酒屋で休日を過ごす田舎者」といった粗野な民衆を愛を込めて描写しなければならないと言っている。また、トマス・ハーディは『緑樹の陰で』の中で、メルストックの村人たちを、彼自身が副題にしているように「オランダ派の田園画」よろしく写実的に書き上げている。

その後、ジョンの三人の恋人たち、つまりヴェラスケスの「ヴィーナスの身繕い」、ティエポロの「ヴィーナスと時の寓話」、ゴヤの「ドナ・イザベラ・デ・ポルセル」を観て回った。ジョンはナショナル・ギャラリィに来る度に、まずはこの三人の「恋人」にご挨拶をするのである。

夕方大急ぎでホテルに戻り、夜のイヴェントに合わせて着替えた。ジョンは夏用のオフ・ホワイトの木綿のスーツ、白いワイシャツに、ウェールズ大学アバリストリス校のネクタイをすると主張した。自ら着る物のことに触れるのは珍しいのだけれど、今日はフルブライト奨学生の集いなので、出身大学のネクタイをすると頑として主張したのである。遠い昔、ジョンはクウィーン・メアリィ号でアメリカ上陸、ミネソタ大学で学ばせてもらったことがある。

ロンドンのグロヴナー・スクウェアの一角を占めるアメリカ大使館がどんなに豪華なものか、ぜひ一目見たいと思っていた私は、コンクリートの四角い箱のような味気ない、機能一点張りの佇まいに少々がっかりしてしまった（失礼、アメリカ！）。

そこで、若くて清々しいフルブライト奨学生としてアメリカで学んできたプロの演奏家たちが、チェロやハープなどの腕を披露した。でも、今夜の圧巻は、かなり高齢の有名なヴァイオリニストがステージに急遽上がることになったことである。その経緯は、たまたま同日ウェストミンスター寺院で、先日亡くなったユーディ・メニューインの追悼式が開かれたのだが、そこにアメリカからイーダ・ヘンデルが出席していたらしい。フランス人のやはりフルブライト奨学生だったヴァイオリニストも同席していて、今夜のコンサートの話が持ち上がり、彼女もこのイヴェントに参加することになったというわけである。

大急ぎで彼女のためにヴァイオリンを手配して、この舞台に立ってもらえることになったらしい。イーダ・ヘンデルが「ユーディ・メニューインの友人として、メニューインにシューベルトのアヴェ・マリアをここで捧げさせてもらいます」と言うと、会場が静まり返り、彼女が紡ぎ出す音色に皆酔ってしまった。サーモン・ピンクの一〇センチほどもあるハイ・ヒールの靴を履いており、スカートの柄の赤が目を引いた。なにか彼女のヴァイオリンへの情熱と一致していて、同時に「女性」をも香り立たせていた。

割れるような拍手に誘われて次から次に小曲を聞かせてくれたのだけれど、ブラームスの「ハンガリィ舞曲」では聴衆のムードが盛り上がり、会場全体が舞曲に合わせて踊り出さんばかりの熱気に包まれた。本当に素敵な思いがけないプレゼントであった。

良い気分に浮かれてロンドンの裏町を歩いて、ピカデリィで行きつけのイタリアン・レストランに入った。前菜にグリルしただけの鰯にたっぷりレモンを絞ったらとても美味しかった。メインはアンチョヴィとブロッコリィのパスタ、そしてデザートは苺だった。ピカデリィをゆったりと歩いた。いい夜だった。

ジョンの誕生日

今日はジョンの誕生日、私の手料理でお祝いすることにした。前菜は、新種の「小さな宝石」という名（リトル・ジェム）のレタスをベッドにして、三日月形のアヴォカドを飾り、パーマ・ハムでアヴォカドとペッコリーニ・チーズを包んだ小型の包みを作り、それにレモン、オリーブ・オイル、塩、胡椒で作ったフレンチ・ドレッシングをかけた。主菜はヘイクという白身の魚、車海老、帆立貝を蒸し煮にして、それを茜色に仕上げたソースに浮かせた。黒、赤、茶色の三種類混合のワイルド・ライスとコリフラワー添えにした。

ジョンは「美味しい、美味しい、ミッドランド・ホテルのフレンチ・レストラン並だよ」などと嬉しいことを言って喜んでくれた。家庭でしみじみと手料理で祝う誕生日もいいものだ。デザートはジョンが作ってくれた。イギリスの代表的なデザート、トライフルだった。

一人になった時、我が家の薬師観音像にジョンの健康と若さと幸せを心を込めて祈った。母が海の向こうから電話で、「ハッピィ・バースデイ、ジョン」と歌ったのをジョンは大喜びした。笑顔の多い一日だった。

ところで、この陶器の薬師観音像には謂れがある。もう八、九年前のことになるのだが、桜の頃に日本に帰省した際、大分の湯布院を訪ねた。ＪＲの駅のすぐ近くに骨董屋があって、侍のようなきりりといい顔をしたおじさんが、埃にまみれながら商っているのだが、収集品の数にかけてはすごいものがあった。歩くのもままならないくらい、床にもいっぱいに骨董品が並んでいた。

その日、フランス人の若い女性が百数十本とある掛け軸の中から、素晴らしく美しい日本女性が描かれた軸を選び出した。たまたま横にいた私に「ディスカウントを頼む時は、日本語でなんと言うのですか」と尋ねたので、「どうぞまけてください」と教えると、何度も繰り返して練習をしていたのだが、ついにそのおじさんと交渉を始めた。かなり値引きをしてもらって、いそいそと店を出た姿を今でも覚えている。その直後、おじさんは二階に駆け上がって行って台帳のようなものを見ながら、「ああ、しまった。あれは大変な大作だったのに、あんな値段にしてしまって、これは大損をしてしまった」と悔いていたのも、生々しく覚えている。

その時だったのだが、ジョンが奥の棚にあった陶器の観音様を大事そうに抱えて来た。その観音様は、この世の全てと完全な調和をしていて、全くの平和に満ちた穏やかなお顔、美しい天上の微笑みを湛えて蓮の台座に座っていらっしゃる。少し艶のある灰色と青磁色との釉薬が掛けられていて、実に美しい像であった。

この薬師観音像をあのおじさんから買っていて本当に良かった。この後すぐ、大火事に見舞われ、ほとんどの骨董品を消失してしまったと聞いた。フランス人のあの女性があの立派な掛け軸を救い、私たちはこの観音像を火事から救ったことになる。この観音像は今、私たちの守護神で、私はよく祈りを捧げている。

私の祈りは、なにに向けられているのかは自分でも分からないのだけれど、なにか「気」のようなものがあって、自分が良い心でいて、なにかに純心に精一杯努めていると、きっと良い方向へ導いてもらえるといった、目に見えないけれど、なるべくしてなるようにさせるなにかの大きな意志、もしくは好意ある偶然のようなものを漠然と感じ、信じるという名の付けようもない祈りなのである。

コンスタブルの故郷へ

フランスへ行く途中、ロンドンの北にあるスティーヴネッジに立ち寄った。もうずいぶん昔、ジョンがサハラ砂漠で天体観測をした時、得意のフランス語を操って現地人の指揮官を務めてくれた、ジョンの何十年来の友人ブライアンのお宅に二泊することになった。

ブライアンの趣味はガーデニングで、家の裏には手入れのよく行き届いた庭があって、台所からも居間からも色彩が溢れる庭が見える。朝起きるとすぐに庭を一回りさせてもらうのが楽しみだ。ブライアンは五月から八月まではここが自分の天国なので、どこにも行かずに花を愛でると言う。ご夫妻は退職して、モリシャスに家を建て、イギリスが寒い十一月から三月までをそこで過ごすことにしている。

ジョンは今、スペインとアルゼンティン両政府合同研究企画のためスペクトロミター（分光計）設計の仕事をしている関係で、ここスティーヴネッジでちょっとした用事があった。その仕事が終わると、四人でコンスタブル・カントリィへ出かけることにした。

イースト・アングリアにあるフラッドフォード・ミルを中心に、コンスタブルが子供時代を過ごし、絵の題材にした所をのんびりと歩いてみた。スタワ川でボートを漕いで周りの景色を楽しんだりもした。コンスタブルのあの木々、牛、水の様子がまだしっかりと面影を残している。有名な「ヘイウェイン」の絵の景色がそのままそこに残っている。私たちのボートに親鴨、小鴨も寄って来て、一緒に川遊びをしたがっているふうにも見える。ムアヘン（赤ライチョウ）の黒い身なり、朱と黄のくちばしが、落ち着いたいかにもイギリスらしい色調の中で、ひときわ目を引く。木々で鳥がさえずっている他は、ボートの櫂が水を跳ねる音だけしか聞こえない。川面にいると、いつもより視線が低い所にあるので風景が違って見える。時々行き交うボートの人々と微笑みだけを交わす。

ボートから上がって紅茶を飲んでいると、横の椅子に雀が飛んで来てひょいと止まった。ケーキを少し手のひらに載せると、見事な早業で口ばしで摑み飛んで行ったと思うと、また戻って来た。もうすっかり人馴れした雀たちが競ってケーキの屑を足元で拾っていた。なにか私たち四人がコンスタブルの絵の中に一時舞い込んだと感じなくもなかった。

我が家の庭で月の観測

夕食後に一息入れていると、ジョンが庭に出て来るようにと言うので出てみると、水辺に面した裏庭に望遠鏡を仕立てていた。「ここから覗いてごらん」と言った。今日の月は半月よりももう少し膨らんでいる。その月のクレイターを見せたがっていた。

「今、プレイトウ（ギリシャの哲学者プラトンの名を付けている）がよく見えるよ。あの黒っぽい所はシーズ（海）と言われていて、本当はもっともっと黒くて石炭のように黒いよ」

このプレイトウははっきりした円形のクレイターで、信じられないくらいにくっきり見える。地球から四〇万キロメートルも離れている月を見ているとは思えない。月は真空だから、なにが起こっても変化することがない。月が満ちたり、欠けたりするのはもちろん、月が変化しているのではなくて、動くことにより、また太陽の光により違って見えるだけなのだということを改めて考えた。

地球では、全てが刻々と変化し、消え、また新しいものが生まれて来ることを考えた。少しずつ歳を取っていく自分に気づく。考えたくないけれど、それでも着実に死に向かって変化し続けている。悲劇的で、絶望的なのだけれど、それでもなにも変化しない月の真空を思うとぞっとした。花を心待ちにし、開いているのを精一杯喜んで、楽しんで、散っていく姿を見届けるという日常の風景が、この上もなく貴重なものに思えた。

死という極限の絶望の中に、移ろいゆくからこそ存在する最高の美が内包されている、なんという矛盾があることか。変化のない所に、「永遠」が日常である所に、過ぎゆく一瞬を摑もうとする必死な思いや行い、情熱は存在し得ない。もし地球が月のように変化しないとしたら、この人生は果てしない退屈となってしまい、「永遠」という呪縛に陥り、「永遠」の囚人となってしまう。儚《はかな》い存在として、一方では必死でなんらかの形での「永遠」を望みながらも、また一方では変化のない月の真空状態のような「永遠」は恐れとなる。

プラトンのクレイターの他に、コペルニクスのクレイターの中央には光る点のような山がある。月のクレイターに名前を付けてもらっただけで、プラトンやコペルニクスのような人はある形の、多分「名声」という形の「永遠」を遂げたことになる。でも、プラトンやコペルニクス自身はもう存在しない。感じることもできないし、愛することもできない。名前が残って、業績が残っても、彼らはそれを意識することはできない。それではこの形の「永遠」の代理もあまり役に立たないではないか。

人が子供を残して、その子供がまた子供を残して何百年もその家系が続いたとしても、自分の核は結婚という、あるいはパートナーという他人の介入によって限りなく薄まっていく。また、いくら微かな自分の核が残ったとしても、わずか何百年のうちには、自分らしさ、自分流の考え方、感じ方、感情の盛られ方はもうすっかりと形を変えてしまい、自分が顔を出す余地もなくなるだろう。

そうなのだったら、少しだけ香しい塵となって宇宙を永遠に自由に浮遊し続けることで十分ではないだろうか。こう考えていると、気持ちが少しだけ安らいだ。

我が家の庭で皆既日食観察

一九九九年八月十一日、午前十一時十一分にイギリスの南西の端、コーンウォールで皆既日食が見えるということで、一年前から新聞やテレビ、ラジオで騒がれていたため、コーンウォールのホテルや民宿は早い時期に予約ずみになり、ものすごい交通量が予測されていた。そのため、コーンウォール行きは、もう早くから諦めていた。それに、ジョンはサハラ砂漠、メキシコ、ボリヴィアなど、それこそ世界中を回って皆既食を見てきたので、今回は我が家の庭で眺めることにしていた。

マンチェスターではコーンウォールより少し遅れて午前十一時十七分に最大の皆既食となると予測されていた。この日は運良く朝から晴れ上がっていた。庭に望遠鏡を据え、ジョンが家を出たり、入ったりして落ち着かない様子であった。十時過ぎからすでに少しずつ「食」が始まり、月が太陽をかじっていった。

しばらくして友人のリチャードとアヴァリルが姿を現し、四人でティー・マグを片手に望遠鏡を覗いたり、おしゃべりをしたりしていた。十一時に近づくと「食」が進み、気温が少しずつ下がっていった。辺りがだんだん薄暗くなっていって、十一時十七分には十時に比べて気温が五度下がり、非常に不思議な雰囲気に包まれた。「鳥が鳴き止み、動物はねぐらに戻る」と新聞に書かれていたけれど、それは観察できなかった。四人で顔を見合わせて、「少し寒いね。変な感じね」と言い合った。

アヴァリルは父親がスコットランド人、母親はイングランド人なので、半分はケルトの血が混じっている。だから、かねがね「私の気質はとてもケルティックよ。迷信も信じるし、気性も熱いものがあるのよ」と話していたが、今日は彼女が、

「私はね、魂の存在を信じるの。死んでも魂はどこに行くか分からないけれど、どこかに行くと思うの」

とぽつんと言った。ジョンは、

「ハルミはね、輪廻の思想を信じているよ」

と口を挟んだ。リチャードが、

「じゃ、ハルミは草になったり、牛になったりするの」

と笑いながら聞いた。

「ジョンはすぐ極端なことを言って、人々の知性を刺激するのが好きな人で、間違ったことを宣伝しているだけなのですよ。私は輪廻の思想を信じているわけではないのよ」

と弁明した。

「でもね、一理あると思うの。私たちが死んだら土の中に溶けるでしょ。草がその栄養を吸収し、その草を牛が食べるでしょ。だから現実的にはある意味で合理的だと思うの。でも、私は牛にはなりません」

と断言したら、皆笑った。すると、リチャードが真面目な顔をして、

「僕たち本当にこの宇宙の中では塵みたいなものだね。見えるか見えないか分からない塵の一点だね」

と言った。私は、

「でもね、いったんこの宇宙に存在した限りはこの塵のような物質、しかも死んでからはまさに塵になってしまうのだけれど、この私たちの分子は永遠に宇宙をさ迷い続け、消そうと思っても消せるものではないのでしょう」

と言うと、ジョンが、

「その通り、ナポレオンの塵を私たちが今吸っ

皆既日食観察の日，我が家の庭にて
（左からリチャード，著者，アヴァリル）

ているかもしれないよ」

と口を挟んだ。リチャードは、

「この塵が、また次の存在の中に入り込んでいくかもしれない。そうだとしたら存在のリサイクルだね」

と言った。私は、

「リチャード、その表現は全く正しいと思うわ。うまく表現してくれたこと」

と興奮しながら言った。太陽が九二パーセント月からかじられてしまって、薄暗くなった庭でこんな話をしているうちに、少しずつ月が太陽の光を地球に戻してくれ始めた。一時間もすると、また元の明るいマンチェスターになった。

リチャードが「今日はランチをご馳走しよう。どこか素敵なパブに行こうよ」と誘ってくれた。マンチェスターの町にアーウェル川が流れているのだが、その川のすぐ上にある「マーク・アディ」というパブの水辺のベンチで、川に浮かぶ鴨を眺めながらランチを楽しんだ。

リチャードはこの頃頭蓋骨を修復し、顔を復元する「フェイシャル・リコンストラクション」の仕事で忙しくし過ぎていたため、過労で二カ月の保養中であった。久しぶりに四人でのんびりできて楽しい一日となった。

嵐が丘とヴァン・ダイク展

ロンドンのピカデリィにあるロイヤル・アカデミィで「ヴァン・ダイク展」が開かれているとBBCが伝えた。九月十一日の開幕から約三カ月続くという。

ここのところ私の頭の中はブロンテ一家、特にエミリィ・ブロンテのことでいっぱいになっていた。あのヒースに覆われた物寂しげな単調な丘、木々の茂らない、色の少ない景色、風が吹き荒び、物に当たって戻ってくることのない風の姿、人工の手のかかっていない自然が作り出した、自然が支配する風景に、ここしばらく身も心も置いていた。だからBBCで「ヴァン・ダイク展」の番組が流されて、あの色彩、特に赤、そして画面に映し出された肖像画の衣の風合いを目にした瞬間、今ヴァン・ダイクの中に入って、あの荒涼とした「嵐が丘」、私の中に住み込み続けていたあの荒々しい自然と、バランスを取りたい欲望にかられた。

「自然」を崇拝する一方で、人間が創り出す美や技へ向けての献身的努力の健気さに、私は限りなく心を打たれる。これはきっとハーディの考え方が、私の血肉の中に溶けた結果であろう。ハーディは愛着をこめて、自然をあれだけ描出したが、やはり人間が身も心も傾注して作り出す芸術にいとおしさを感じていた。「自然」と「芸術」を比べて、人間の努力の結晶である「芸術」の肩を持つ意味のことを、日記の中で表明している。

「自然」と「芸術」、つまり人の技、魂の昇華と美へ向けての努力、この「自然」と「芸術」の二つが私の中で均衡を守っている時、この上もなく心が安らぐ。

シドーン夫人の旅立ち

日曜日の夕方、アヴァリルから電話がかかってきた。一九九九年九月のことである。九十四歳になる母親のシドーン夫人が亡くなったと知らせてきた。「葬式が二十二日、水曜日の午後二時からあります。特に母はハルミが気に入っていたので、ぜひ知らせたかった」と言ってくれた。

私もシドーン夫人がとても好きで、二人で温情を交わし続けてきたので、この訃報は悲しかった。エリザベス女王の母君、クイーン・マザーがこの時九十九歳でご健在でいらっしゃったので、いつもクイーン・マザーに負けないように頑張ってくださいと励ましてきた。私自身の母をもこうして励ましてきたのであるが。

すぐにアヴァリルとリチャード宛に、水仙がぎっしりと薄暗い木陰に咲いているカードにメッセージを添えて送った。

水曜日のお葬式には残念ながら出席できない。それというのも、半年前からグリニッジ海洋博物館での夜の講義とビュフェ・サパー、それから週末のコーンウォールでのトマス・ハーディの催しに参加するため、ホテルもなにもかも全て約一週間分予約してしまっていたので、これを全部キャンセルすることは不可能であった。

涙の形の花輪を、白と淡いピンクの二色だけにしぼって花屋で作ってもらい、アヴァリルとリチャードの家を訪ねた。ドアを開けるなりアヴァリルと抱き合っただけでお互いの気持ちが分かり合った。リチャードは電話で話しているところだったけれど、片手を広げ、頬にいつものようにキスしてくれた。そうしながらも涙がぽろぽろ流れた。お嬢さんのアナが白い百合、白菊、白いカーネイションをいっぱいスタジオの流し台の水につけて、花の活け込みをしていた。テーブルには、翌日のお葬式の後、参列者をお宅に招いてティー、サンドウィッチ、ちょっとしたケーキなどを出すらしくて、すでにティー・カップとソーサーがいっぱいに並べられていた。

ジョンとリチャードが話している間、私はアヴァリルにシドーン夫人は今どこに安置されているのかを聞いて、二人の会話が始まった。シドーン夫人はアヴァリルのお宅から歩いて十分足らずの老人ホームに数年前に移っていた。アヴァリルは、

「母はここのところ何度か容態が悪くなって、老人ホームに飛んで行ったら、なんのことはない、すぐ元通りの元気な笑顔を見せてくれたのよ。ところが、今度は亡くなる数日前に異常に眠り続け、その翌日はすっかり食欲を失くしたので呼び出しを受けて、旅行先のコーンウォールから飛んで帰ったの。息はしていたのだけれど、もう意識はほとんどなくて、お話をする

どころではなかったの。でも、私が来たことをきっと分かってくれたと思う」

と言った。

「旅に出かける前に『楽しんでいらっしゃい』と言ってくれた時の生き生きとした顔が自分の目に一番強い印象として焼き付いているのよ」とも言った。

私の方がしゅんとなって涙ばかり流してお話を聞いていると、アヴァリルは静かに、穏やかに、しかもしっかりとしてこう言った。

「私、これで母がやっと自由になって、喜んでいると思うの」

「なにから自由になったの」と私が聞くと、

「思うままに動けなくなった体の束縛から自由になったの」と言った。

それで、私はあちこちで読んでいた、肉体にがんじがらめに閉じ込められた不自由な魂とは、こういうことをいうのかもしれないと少し分かった気がした。アヴァリルは母親を間近にいつも見てきたので、なにがシドーン夫人にとって一番幸せなのかを誰よりも知っている。その彼女が、静かに落ち着いて「母はやっと自由になった」と言った時、悲しみよりも、むしろ望ましい状態が母親の上に訪れたという気持ちでいるのだと思った。

「夜のグリニッジでの講義の前に、ロイヤル・アカデミィでの『ヴァン・ダイク展』も観る予定とジョンが言っていたけれど、どうぞ精いっぱい楽しんでいらっしゃい」と大きく微笑んで言ってくれた。まだ若さを保って、したいことがあるうちに、体の中で魂が輝いて自由に飛び回れるうちに思い切り行動した方がいいという気持ちで、そう言ってくれたのだと私は理解した。私たちが帰ってきたら「ぜひディナーに招待したい」とも言ってくれた。

私のシドーン夫人との最初のお目もじは今でも鮮明に記憶している。私がイギリスに移り住むようになった年、一九八九年のクリスマスの夜、夕食の後ちょっと「ドリンクス」に来るようにとの電話をもらって、ジョンと出かけて行った。二階にシドーン夫人の居間と寝室があり、クリスマスの美しい飾り付けがされていた。暖炉のマントロピースの上に繊細な細工の施された陶器の人形が左右に一体ずつ対にして飾られている部屋の真ん中に、緋色のドレスを着て座っていた。ドアを開けたとたん目に入った、特別に洗練された雰囲気、その老婦人の気品ある美しい威厳と温かい表情に、私がすっかり魅了され、吸い込まれたあの一瞬、まるで幻想の世界に迷い込んだ気がしたあの一瞬を、今でもしっかりと胸に抱え続けている。これがシドーン夫人の思い出の最初の一こまである。

それからしばらくして、我が家にサンデイ・ランチ（イギリスでは日曜日のお昼ご飯は大切な習慣の一つで、家族や親戚、友人たちが集まって一緒に食事を楽しむのである）にシドーン夫人、リチャード、そしてアヴァリルを招待した。食事の後、日本から持って来ていた少しばかりの有田焼、伊万里焼、九谷焼のちょっとした皿や茶碗、壺などを見せたり、着物二枚を見せたりした。シドーン夫人は日本の着物の美しさに夢中になって「きれいね、きれいね」と溜息をついた。アヴァリルが落ち着いた濃いめの桃色のぼかしに、白と灰色の雲が裾に浮いている方の着物に手を通して、「いつか着てみたい」と呟いた。「今着てみない」と私が言うと、「もう少し痩せてからにしたい」と笑った。

私たちがスコットランドでのホリデイから帰ったばかりだったので、シドーン夫人が「なにか面白い、きれいなものを見つけてお土産にしたの」と聞いたので、私は「ええ、とても素晴らしいものを見つけました」と言って、スコットランドの北西、サンドウッド湾岸で見つけて、夢中になって拾ってきた色や形が取り取りのいくつかの石を見せると、ちょっとがっかりした様子が見て取れた。

その後、またずいぶんたって我が家にサンデイ・ランチにお招きした。リュウマチ性関節炎がひどくなり、もう車椅子でしか動けなくなっていた時だった。ローズ・ピンクのワンピースと、同じ色のオーヴァー・コートに身を包んで、アネモネの小さな花束、ポウジィを手にして、アヴァリルが車椅子を押して来てくれた時も楽しく過ごした。

今でも私たちの語り草になっているのだが、食事の後、五人で水辺の周りを散歩していた時のことであった。アヴァリルが低い段が一つあるのに気づかずに車椅子を押したので、アヴァリルはサマーソウルトよろしく、ものすごいスピードで三回転して無事に着地、着地するや否や四、五メートル離れてしまった母親の車椅子に駆け寄った。シドーン夫人は横倒しになった車椅子の中で目を白黒させてただ驚愕しているのだった。

アヴァリルは自分のことも気にせず、「マザー、アー ユー オール ライト」と気が気ではない様子であった。間近でこのものすごいアクロバットを目にしていた私たちも、出来事のあまりの速さに驚くだけで、次の瞬間やっと皆駆け寄って車椅子を起こして様子を探ったけれど、大事には至っていないことが分かり、皆本当にほっとして一緒に笑い合った。

最も楽しいシドーン夫人との思い出は、あの危なっかしい水辺の散歩よりもずっと前に遡る。八十七歳の誕生日のお祝いに、リチャードとアヴァリルが運河のボートを一日借り切って、母親と彼女の親友で、ほとんど同じ年のキャサリンのためにリヴァー・ボートの旅をするから、ぜひ私たちも仲間入りしないかと連絡があったので、シャンペーンを持参で喜んで参加した。

一〇メートルほどの細長いボートはきれいな花模様で飾られていた。このリヴァー・ボートに装飾模様を描くことを職業にしている人がいる。屋根の上にはジェラニュウムの咲き乱れた植木鉢がいくつか置かれていた。

チェシャー州ノリッジから出発し、リチャードの舵取りでゆっくりと運河、ブリッジウォーターを滑るように進んで行った。歩くような速度で進むので、周りの景色もじっくりと楽しめた。牛が十頭ほど運河の水を飲もうとして水際すれすれの所にじっと静かに立ち並んでいる姿も、緑の背景と調和して絵のように美しいと思った。ちょうどコンスタブルの絵を見ている気がした。ボートを棹で陸に着け、しばらく横付けにし、水辺の緑地にござならぬブランケットを敷いてピクニックをした。アヴァリルの手作りのお料理に、バースデイ・ケーキまでご持参であった。

まさに水辺のパーティとなった。あの時の幸せな気分をずっと持ち続けたかったのであろう。いつか老人ホームを訪ねた時、あの時の写真がテーブルの上に額に入れて飾られていたのに気づいた。緑と水と笑いに包まれたあのリヴァー・ボートの一日の旅は、私にとっても忘れ得ぬ思い出となった。

シドーン夫人が愚痴を言うという話は聞いたこともなく、与えられた情況そのものを喜び、悲しいことはじっと耐え、ひたすら自らの中で消化、吸収あるいは拒否という作業を、成熟した独立心旺盛な態度で行っていたのだ。良いことも悪いことも全てを、賢く立派に時の翼に乗せていった方なのだとつくづく思う。彼女の美しい威厳、温かな心、賢明さは、私が生きている限り胸の中に息づいていると思う。

しばらくして、アヴァリルが、「母の形見よ。これは絶対にハルミに使って欲しいの。スコットランドは寒い所でしょ。朝起きたらこれをすぐに羽織ってもらったら嬉しいわ」と言って、ボレロ式に仕立てている毛皮の肩掛けを差し出した。いつかクリスマス・ディナーに招待された時、シドーン夫人がこの毛皮の肩掛けを優雅にかけてソファに座っていた姿が彷彿とした。

あとがき

この随筆は、第一章が二〇〇〇年夏にスコットランドの田舎に移ってから現在までの暮らしを、第二章がそれ以前に遡って、私が結婚をして、英国に移住し、マンチェスターで暮らした一九八九年春から一九九九年秋までの経験をノートに取っていたものをまとめたものである（スコットランドの地名の一部は仮名にした）。

これは、私がイギリスの社会、文化の中に身も心も入れて、「内側から外へ」という思いで書いたものである。見知らなかったことに出会うたびに、両親や友人や知人に知らせたくてたまらなかった。でも、いちいちそのようなことはできない。いつか知ってもらいたいと長い間思っていたけれど、やっとその時が来てくれた。

最愛の母が、二〇〇七年春に帰らぬ人となった。母への愛はますます強まるばかり、心の中に大きくあいた、落下した隕石が作ったクレイターのように大きくあいた空間に、喪失感が溢れてくる。敬愛してやまなかった恩師で、後に同僚となった西山保先生は、去年の夏お亡くなりになられた。九十歳にして独力で語源辞書を出された。お宅にお邪魔させていただくたびに、会話が弾んでテーブルの上は様々な辞書でいっぱいになるのであった。お心もお姿も美しかった友人、和田節子さんが、乳癌で五十三歳の生涯を終えた。ハワースを一緒に歩く約束をしていたのに。英語教育の達人で、研究のため何度もイギリスに来てはその度に、私にも会いに来てくれた鈴木純子さんも五十三歳の若さで、数年前他界した。

これらの方々にも、もっとたくさんのことをお伝えしたかった。全ては刻々と動き、変化し、消え、また生じる。

亡くなった母、老いながらも頑張ってくれている父、夫のジョンと私は、時々不協和音を出しながらも、かなり良いカルテットを組んでいる。この人たちがいてくれなければ、私は一生懸命生きる力を持つことができないかもしれない。この本を、カルテットの仲間に捧げたい。

最後になってしまったけれど、海鳥社社長、西俊明氏の大きな度量、熱意、誠意、鷹のような鋭い目で私の原稿をお読みくださり、微に入り細にわたって訂正してくださった編集者の田島卓氏、そしてスタッフの皆様のご努力がなければ、この本は日の目を見ることがなかったかもしれない。ここに深く感謝を申し上げたい。

膨らみかけてはいるがまだ硬い殻の中に、全ての輝きと色と美を秘めて、息を潜めている桜を見ながら

ジェイムズ　治美

ジェイムズ 治美（Harumi James）
1946年，大分県生まれ。熊本大学大学院修士課程修了。1983年から１年間，ロンドン大学（UCL）に留学。1978年から89年まで，熊本商科大学（現熊本学園大学）で常勤講師，准教授を務める。1989年，結婚して英国へ移住。マンチェスター大学科学学部で日本語講師。1992年，リヴァプール大学でMA取得。1997年，マンチェスター大学でMPhil取得。1999年から2006年までグラズゴー大学客員研究員。19世紀イギリス文学研究者。
『エリザベス・ギャスケル　孤独と共感』（共著，開文社出版，2009年）の他，エリザベス・ギャスケル，ジョージ・エリオット，トマス・ハーディに関する論文多数。現在，英国と日本を往復している。

スコットランドの潮風《しおかぜ》

■

2010年11月１日　第１刷発行

■

著　者　ジェイムズ 治美
発行者　西　俊明
発行所　有限会社海鳥社
〒810-0072　福岡市中央区長浜３丁目１番16号
電話092(771)0132　FAX092(771)2546
印刷・製本　有限会社九州コンピュータ印刷
ISBN978-4-87415-788-6
http://www.kaichosha-f.co.jp
［定価は表紙カバーに表示］